Institut für ausländisches öffentliches Recht
und Völkerrecht

Beiträge
zum
ausländischen öffentlichen Recht und Völkerrecht

Herausgegeben in Gemeinschaft mit

Friedrich Glum, Ludwig Kaas, Rudolf Smend, Heinrich Triepel

von

Viktor Bruns

Heft 5

Berlin und Leipzig 1928

Walter de Gruyter & Co.

vormals G. J. Göschen'sche Verlagshandlung — J. Guttentag, Verlagsbuchhandlung
Georg Reimer — Karl J. Trübner — Veit & Comp.

Die Missionsfreiheit

nach den Bestimmungen des geltenden Völkerrechts

von

Dr. Theodor Grentrup
S. V. D.

Berlin und Leipzig 1928

Walter de Gruyter & Co.

vormals G. J. Göschen'sche Verlagshandlung — J. Guttentag, Verlagsbuchhandlung
Georg Reimer — Karl J. Trübner — Veit & Comp.

Vorwort

Bei der Umgrenzung des Arbeits- und Forschungsbereichs für das „Institut für ausländisches öffentliches Recht und Völkerrecht" ist mit Zustimmung des Kuratoriums auch einem Sondergebiet sein Platz in dem Gesamtplan angewiesen worden, das bisher nicht immer der verdienten Aufmerksamkeit und Würdigung begegnete, trotzdem ihm sowohl in wissenschaftlicher als praktischer Hinsicht unleugbare Bedeutung zukommt: die wissenschaftliche Erforschung der kirchen- und religionspolitischen Bestimmungen des ausländischen Staatsrechts wie auch des Völkerrechts. Daß dieses Arbeitsgebiet als notwendige Ergänzung auch eine entsprechende Bearbeitung des Konkordatsrechts — weniger nach der geschichtlichen Seite denn als Problem des geltenden Rechts und als mögliche Aufgabe der Staatspolitik — in sich schließen mußte, leuchtet ohne weiteres ein.

Im Vergleich zu dem umfangreichen Forschungsgebiet des ausländischen Staatsrechts in seinen kirchen- und religionspolitischen Auswirkungen, deren kritisches und vergleichendes Studium sowohl für die deutsche Staatsrechtswissenschaft wie auch für die staatliche Praxis wertvolle Erkenntnisquellen erschließt, ist der Aktionsradius der völkerrechtlichen Regelung kirchen- und religionspolitischer Fragen bis zur Stunde noch ein verhältnismäßig bescheidener. Immerhin ist auch hier eine langsam ansteigende Tendenz nicht zu verkennen. Teilweise haben hierzu die durch den Weltkrieg verursachten territorialen Verschiebungen, vor allem auf kolonialem Gebiet, Anlaß und Anstoß gegeben. Und es erscheint wohl nicht abwegig, für die Zukunft eine wachsende Inanspruchnahme des Völkerrechts für die Regelung derartiger Fragen zu erwarten. Die noch in den Anfängen begriffenen Probleme des Minderheitenrechts werden allein schon eine Fortentwicklung in der angedeuteten Richtung notwendig machen.

Deutschland hat mehr als andere Staaten Veranlassung, der religions- und missionspolitischen Domäne des Völkerrechts wachsame Aufmerksamkeit zu widmen. Seine in den Friedensverträgen stark beschnittenen Rechte haben ihm eine missionspolitische Sonderstellung gebracht, die eine schwere Beeinträchtigung seiner außenpolitischen Interessen und Wirkungsmöglichkeiten darstellt. Um so wichtiger erscheint es, in zusammenfassender Darstellung die auf die Missionsfreiheit bezüglichen Bestimmungen des geltenden Völkerrechts der deutschen Öffentlichkeit vorzulegen. Die vorliegende Arbeit, welche als erste Studie aus dem oben umschriebenen Forschungsgebiet der kirchen- und religionspolitischen Fragen des ausländischen Staatsrechts und des Völkerrechts im Rahmen der „Beiträge" erscheint, darf daher auf das freundliche Interesse wissenschaftlicher und politischer Kreise rechnen.

Genf, den 10. September 1927. **Ludwig Kaas.**

Inhalt

Einleitung

I. Es zählt zu den wesenhaften Aufgaben des modernen Staates, alle gesellschaftlichen Organisationen, die sich innerhalb seines Machtbereiches betätigen, in ihrem äußeren und teilweise auch in ihrem inneren Rechtsbestande irgendwie zu bestimmen. Ob er sie positiv fördert oder wenigstens wohlwollend gutheißt, ob er sie nur ungern duldet oder gar verbietet, hängt davon ab, wie sie sich nach dem Urteil der jeweils maßgebenden Persönlichkeiten zum obersten Ziel des staatlichen Lebens verhalten.

Weil die Kirche als gesellschaftliche Organisation auftritt, muß der Staat sein Rechtsverhältnis auch ihr gegenüber zum Ausdruck bringen. Das Wirken der Kirche in der breiten Öffentlichkeit legt der staatlichen Gesetzgebung den fast physischen Zwang auf, sich mit ihr zu befassen. Dabei kann an sich die innere Einstellung der regierenden Männer zur Religion und das Werturteil über eine religiös orientierte Lebensgestaltung ganz in den Hintergrund treten. Der Politiker und Gesetzgeber sieht die Kirche vor allem als objektiv gegebene Tatsache. Er schätzt ihre Stellung ab, mißt ihre Kraft und Fähigkeit, beobachtet ihre Tätigkeit und wertet ihre Erfolge mit Rücksicht auf das Volksganze. Der innere Lehrgehalt der Religion interessiert den Staatsmann als solchen nur insofern, als er durch seine Kenntnisnahme ein tieferes Verständnis für ihre öffentlichen Wirkungen gewinnt. Auf dieser Grundlage wird die staatliche Gesetzgebung in Bewegung gesetzt, muß in Bewegung gesetzt werden. Religion und Kirche von ihr ausschließen zu wollen, ist ein Ding der Unmöglichkeit. Es kann dies um so weniger geschehen, je imponierender sich die Kirche in ihrer quantitativen und energetischen Größe offenbart.

Dazu gesellt sich ein Weiteres. Die Neuzeit hat die Gewissens- und Religionsfreiheit in die Liste der unantastbaren Menschenrechte eingetragen, die für alle Staatsangehörigen zu schützen, die oberste politische Gewalt als eine ihrer vornehmsten Pflichten ansieht [1]). Mit diesen Rechten muß der Staat die Ansprüche der verschiedenen Konfessionen, die in seinem Territorium eine größere oder geringere Bedeutung haben, in Einklang bringen.

---

[1]) Vgl. Jellinek, Georg, Die Erklärung der Menschen- und Bürgerrechte, 3. Aufl., München u. Leipzig 1919.

So finden wir denn in den grundlegenden Gesetzen aller Kulturstaaten der Gegenwart, der alten wie der neuen, der christlichen wie der nichtchristlichen, das Verhältnis der Staatsgewalt zur Kirche bzw. zur Religion in irgendeiner Form festgelegt, mit anderen Worten: wir finden überall ein staatskirchliches Rechtssystem. Sein Grundriß und sein Ausbau im einzelnen wechseln nach Zeiten und Völkern. Kaum auf einem anderen Rechtsgebiete, auch wenn wir nur einen Querschnitt durch das geltende Recht machen, sind unter Wahrung einiger allgemeiner Grundsätze die Kontraste so gewaltig, als gerade im Staatskirchenrecht. Die Gründe dafür sind zum nicht geringen Teil psychologischer Natur. Das Staatskirchenrecht ist selten ein ausschließliches Produkt des kalt und leidenschaftlos abwägenden Verstandes. Wenigen Menschen ist es gegeben, bei der Behandlung von Weltanschauungsfragen nur mit dem Kopf und nicht auch, teils bewußt teils unbewußt, mit dem Herzen zu arbeiten. Das gilt in gleicher Weise für jene, die die Religion, sei es als öffentlich organisierte Macht, sei es als private Angelegenheit, bejahen, als auch für jene, die sie grundsätzlich verneinen.

Was von der Stellung der Staatsregierung zur vollkommen entwickelten und endgültig organisierten Kirche gilt, muß analog auf die Kirche im Anfangsstadium oder die Missionskirche angewandt werden. Nur gestalten sich in diesem Falle die gegenseitigen Rechtsbeziehungen gewöhnlich äußerst einfach.

II. Wesentlich verschieden vom innerstaatlichen Recht sind Grundlage und Aufgabe, und damit logisch verbunden, Inhalt und Struktur des Völkerrechts. Man würde sich einer Übertreibung schuldig machen, wenn man die Aufnahme religionspolitischer Bestimmungen in die völkerrechtlichen Verträge für eine allgemeine und unbedingte Notwendigkeit erklären wollte. Nicht jede Staatsregierung muß bei der Erzeugung des Völkerrechts irgendwo und irgendwann ins religiöse Gebiet einen Griff tun. Es läßt sich, ohne die Begriffe und die Theorie zu vergewaltigen, sehr wohl denken, daß am Webstuhl des Völkerrechts, wo die Vertreter der Staatsregierungen das Schifflein werfen, nicht ein Faden von der religionspolitischen Spule verarbeitet wird. Während der Blutumlauf des staatsrechtlichen Organismus ohne den staatskirchlichen Aderschlag ins Stocken geraten würde, kann der völkerrechtliche Körper ihn entbehren. Er kann ihn entbehren, aber er kann ihn auch besitzen. Das Ganze ist für ihn eine Frage der Zweckmäßigkeit, nicht der inneren Notwendigkeit. Eine kurze Durchmusterung der Hauptklassen der völkerrechtlichen Bestimmungen wird diesen abstrakten Aufstellungen mehr Anschaulichkeit verleihen.

Zunächst eine Feststellung! Der Blick wendet sich nur auf jenes Völkerrecht, das in der Zusammenarbeit der obersten Staatsregierungen erzeugt wird. Die Frage, ob es außerdem noch Quellen des Völkerrechts gibt (Apostolischer Stuhl, überhaupt die Spitzenbehörden internationaler Religionsgemeinschaften, nationale Minderheiten), bleibt auf sich beruhen.

Wenn das völkerrechtliche Material mit Rücksicht auf seinen Gegenstand eingeteilt wird, so können drei große Kategorien unterschieden werden.

Erstens: Vereinbarungen, die sich auf Handlungen beziehen, die nur innerhalb der Regierungen zur Ausführung gelangen, ohne Privatpersonen irgendwie unmittelbar zu berühren. Ein Beispiel bieten die Abkommen über zwischenstaatliche öffentliche Schuldentilgung.

Zweitens: Vereinbarungen zur Regelung der Rechtsverhältnisse, von denen die Bürger des einen Kontrahenten im Herrschaftsgebiete des anderen betroffen werden. Dazu gehören im allgemeinen z. B. die Bestimmungen in den Handels- und Niederlassungsverträgen.

Drittens: Vereinbarungen, in denen sich die vertragschließende Regierung, sei es freiwillig, sei es gezwungen, zu bestimmten Maßnahmen ihren eigenen Staatsangehörigen gegenüber verpflichtet. Der außenpolitische Vertrag greift hierbei in das innere Rechtsgefüge des Staates ein. Besonders in der Zeit nach dem Weltkrieg ist die Zahl der Verträge dieser Art stark angewachsen, wie fast jedem Laien bekannt ist.

Nun die Frage: Wie stellt sich die religionspolitische Materie zu den aufgeführten Klassen der völkerrechtlichen Vereinbarungen?

Die zuerst genannte Klasse hat offenbar ihrer Natur nach mit Bestimmungen, die der Religion dienen, nichts gemein. Darüber ist kein weiteres Wort zu verlieren.

In der zweiten Klasse von Verträgen, die die Aufgabe haben, die Gesamtheit der geistigen und materiellen Güter der Staatsangehörigen im Auslande sicherzustellen, sind Vereinbarungen zugunsten der religiösen Interessen möglich. In vielen Staaten gewährleistet die Landesgesetzgebung allen Einwohnern, die Ausländer nicht ausgeschlossen, rechtlich und tatsächlich eine so weitgehende Religionsfreiheit, daß es hieße, Eulen nach Athen tragen, wenn das Völkerrecht noch etwas hinzufügen wollte. Aber es gibt Fälle, in denen es notwendig oder zumindest erwünscht ist, daß der Heimatstaat neben anderen geistigen Interessen auch die religiösen Belange seiner Bürger in einem fremden Lande vertraglich schützt. Welcher Art die Gründe sind, braucht an dieser Stelle nicht näher erörtert zu werden.

Die dritte Klasse der Staatsverträge erweckt unter dem Gesichtspunkt des Religionsschutzes lebhafte Aufmerksamkeit. Wenn das Völkerrecht ausnahmsweise ein Stück der inneren Rechtsverhältnisse eines Staates an sich zieht, so wird gewöhnlich einem schwächeren von einem weit mächtigeren ein Vertrag mit einseitigen Bindungen auferlegt. Der mit der größeren Machtfülle ausgerüstete Staat gefällt sich dabei mehr oder minder in der Rolle des Pädagogen, der seinem Schützling den rechten Weg zeigt und ihn notfalls mit zartem oder kräftigem Griff darauf erhält. Daß durch den Eingriff von außen die Souveränität des anderen Staates wenigstens formell eine teilweise Einbuße erleidet, steht außer Frage. Aber — so müssen wir offenbar den Grundgedanken eines solchen Vorgehens ausdeuten — es ergeben sich bisweilen Umstände, in denen ein kleiner Abstrich an der vollen Unabhängigkeit der Staatsautorität leichter erträglich scheint als eine dauernde Unordnung, die den Völkerfrieden gefährdet oder das Weltgewissen belastet. Die moralische Kraft dieser Argumentation wächst, wenn es sich um den Schutz von elementaren Menschheitsrechten handelt.

Zu den Verträgen der letzten Art gehören jene, die von den europäischen und amerikanischen Regierungen seit der Mitte des vorigen Jahrhunderts bis zu Beginn des gegenwärtigen mit China abgeschlossen worden sind. In ihnen nehmen die Religionsklauseln, wenn auch durchaus nicht den ersten, so doch einen hervorragenden Platz ein. Hierhin sind ferner die Minderheitenschutzverträge zu rechnen, die den nationalen Minderheiten die freie Entwicklung der sprachlichen, völkischen und religiösen Eigenart garantieren. Durch sie wurden nicht weniger als neun Staaten von den Alliierten gebunden und verpflichtet: Polen, Österreich, Ungarn, die Tschechoslowakei, Jugoslawien, Rumänien, Bulgarien, Griechenland und die Türkei. Minderheitendeklarationen, die mit dem Inhalt der Minderheitsmaterie in den genannten völkerrechtlichen Verträgen im wesentlichen übereinstimmen, haben auf Anraten der Alliierten Albanien, Estland, Lettland, Litauen und Finnland dem Völkerbund gegenüber abgegeben.

Die neueste Zeit bietet uns auch Beispiele dafür, daß Staaten in freier Übereinkunft sich gegenseitig den Schutz der volksverwandten Minderheit im Gebiete des anderen Teils gewährleisten. In diese Bestimmungen wird die Garantie für die Gewissens- und Religionsfreiheit einbezogen. Einen Vertrag dieser Art stellt das deutsch-polnische Genfer Abkommen vom 15. Mai 1922 über Oberschlesien dar. Es sichert nach dem Grundsatz vollkommener Gegenseitigkeit der polnischen Minderheit im preußischen Teil und der deutschen Minderheit im polnischen Teile Oberschlesiens eine Reihe von Rechten, die sich auf alle Gebiete des öffentlichen Lebens, u. a. auch des kirchlichen, erstrecken. Einen ähnlichen Charakter trägt der polnisch-russische Friedensvertrag, abgeschlossen zu Riga am 18. Mai 1921, zur Schau. Den Angehörigen der polnischen Nationalität wird in Rußland und denen der russischen Nationalität wird in Polen neben anderen Freiheiten die ungehinderte Entfaltung ihres kirchlichen Lebens garantiert.

Obwohl der weitaus größte Teil der völkerrechtlichen Verträge naturgemäß einer Bestimmung über die Religion entbehrt, so ist doch die Zahl jener, die einen Religionsparagraphen enthalten, eine beträchtliche.

Abgesehen von den Konkordaten, die für die vorliegende Abhandlung nur an zweiter Stelle in Betracht kommen, kennt die Neuzeit und Gegenwart keine internationalen Staatsverträge, in denen die Religion den einzigen Gegenstand der Bestimmungen bildet. Sofern die Religion völkerrechtlich erfaßt wird, geschieht es in einem mit der Regelung großer Fragenkomplexe in den Handels-, Freundschafts-, Niederlassungs-, Grenzregulierungs-, Friedens-, Minderheitenschutzverträgen usw. In der Gegenwart hat sich der Schutz der nationalen Minderheiten als eine der stärksten Ursachen für die Erweiterung des religionspolitischen Bezirks im Reiche des Völkerrechts erwiesen. Bis zu einer allgemeinen Norm des Völkerrechts ist der Religionsschutz noch nicht fortgeschritten [1].

III. Ob die Einbeziehung der Religion in die Sphäre des Völkerrechts vom kirchlichen Standpunkte aus, also rein religiös gesehen, wünschenswert ist, wird sich durch eine allgemein gültige Formel wohl nicht aussprechen lassen. Maßgebend für die Beurteilung bleiben in jedem einzelnen Falle die besonderen Umstände, vorzüglich Grund, Ziel und Art der Einbeziehung.

Grundsätzlich kann man vom philosophisch-theologischen und kanonistischen Standpunkt aus nichts dagegen einwenden, wenn die völkerrechtlichen Verträge das Recht der freien

---

[1]) Über die leitenden Grundsätze des völkerrechtlichen Religionsschutzes vgl. die Abhandlung von dem Prager Professor Anton Hobza, Questions de droit international concernant les religions, in: Académie de droit international. Recueil des Cours 1924, IV (tome V de la Collection), Paris 1925, p. 371—420. Bei der Besprechung der Notwendigkeit eines völkerrechtlichen Religionsschutzes macht der Verfasser äußerst energisch geltend, daß es für die Tschechoslowakei höchst überflüssig gewesen sei, ihr durch den Minderheitenschutzvertrag die Gewährung der Religionsfreiheit vorzuschreiben (S. 390 f.). Vgl. auch Ridder, La liberté de conscience en droit international, in: Revue de droit internat. et de législation comparée, 2. série, VII, p. 287 ss.

Religionsübung und der freien kirchlichen Organisation anerkennen, sanktionieren und vor Verletzungen in Schutz nehmen. Es ist offenbar kein Unrecht, ein offenkundiges Recht mit allen anerkannten Rechtsmitteln, zu denen die Verträge gehören, sicherzustellen. Oder erhebt sich aus dem Wesen der Religion ein Widerspruch? Hie und da wird es behauptet. Es gibt eine Auffassung, nach der es mit dem innersten Wesen des Christentums unvereinbar ist, daß dem freien, religiösen Recht ein äußeres, staatliches Recht mit Zwangscharakter zur Seite tritt. Eine solche These findet verhältnismäßig am leichtesten dort Eingang, wo die individuelle Religionsfreiheit und das Gefühlsmoment auf Kosten der sozialen, organisatorischen und disziplinaren Seite der Kirche mit Nachdruck betont wird. Es offenbart sich darin durchaus nicht immer eine Mißachtung der religiösen Werte, nicht selten ist es aber ein Ausfluß einer etwas weltfremden Romantik.

Wenn die neuzeitliche Staatsregierung in ihrer Vereinbarung mit einer fremden Macht die Religion schützt, so liegt die Triebfeder nicht im religiösen Idealismus. Wir müßten in der Geschichte weit zurückgehen, um eine solche Einstellung zum Religions- und Missionsproblem zu entdecken. Gewiß läßt sich nicht verkennen, daß in einigen Vereinbarungen dieser Art ein hoher idealer Schwung herrscht, z. B. in der Kongo-Akte vom Jahre 1885. Aber er bezieht sich nicht auf den Inhalt der Religion, sondern auf ihre soziale und zivilisatorische Auswirkung. Mitbestimmend für den internationalen Religionsschutz ist die Wertschätzung der idealen Güter im allgemeinen und ferner das Gerechtigkeitsgefühl, das seinen Teil dazu beitragen will, die Grundrechte der Menschheit gegen alle Widerstände siegreich zu behaupten. Darüber hinaus sind es ganz nüchterne, staatspolitische Erwägungen, die zum Abschluß einer Vereinbarung über die Religionsfreiheit führen. Aber selbst diese letzteren dürfen an sich bei den Verteidigern der Religion kein Mißbehagen erwecken. Letzten Endes müssen ja die verantwortlichen Leiter der Staatspolitik ihre Maßnahmen nach ihren eigenen Prinzipien treffen, d. h. nach den Interessen des Staats- und Volkswohles. Die völkerrechtliche Sicherung der Religions- und Missionsfreiheit soll nicht eine Sache sein, die man kirchlichen Kreisen zuliebe dem Völkerrecht äußerlich anhängt, sondern ein Postulat der Staatsweisheit.

Allerdings stimmt es die Hüter der religiösen Interessen und überhaupt jeden Menschen mit einem ausgeprägt religiösen Empfinden nachdenklich, daß die Aufnahme der Religionsbestimmungen in die Staatsverträge die Möglichkeit schafft, die Religion als bloßes Instrument zur Erreichung machtpolitischer Zwecke auszunützen, wodurch gar zu leicht die beschützte Religion zu Schaden kommt. Bei den Verträgen, die auf voller Gegenseitigkeit beruhen, ist diese Gefahr im allgemeinen gering. Stärker tritt sie hervor bei den ungleichen Verträgen mit ihren einseitigen Bindungen zu Lasten des schwächeren Staates. Die Erfahrungen betreffend den Religionsschutz in China sprechen in dieser Beziehung eine deutliche Sprache. Wie unverhüllt solche Absichten bisweilen zutage treten, zeigt uns der Aufsatz über die Mission in der Grande Encyclopédie, Bd. XXIII, Paris 1898, S. 1147, wo es unter anderem heißt: „En effet, ils (les missionnaires) peuvent étendre l'influence de la nation à laquelle ils appartiennent, lui ouvrir les voies pour le protectorat et lui ménager des prétextes pour la conquête." Es wäre aber weit über das Ziel hinausgeschossen, wenn man den völkerrechtlichen Religionsschutz allgemein und grundsätzlich verurteilen wollte, weil er bisweilen als Handhabe verwendet wurde, um politische Ziele zu erreichen.

IV. Von besonderem Interesse ist es, die Stellungnahme der päpstlichen Diplomatie zu unserer Frage kennen zu lernen. Aus den Tatsachen läßt sich folgende These ableiten: Der Apostolische Stuhl hat die völkerrechtliche Sicherung der Religions- und Missionsfreiheit niemals grundsätzlich abgelehnt, vielmehr sie des öfteren gesucht und dankbar entgegengenommen.

Was die entferntere Vergangenheit betrifft, so sei kurz hingewiesen auf die Geschichte des diplomatischen Schutzes der Christen in dem ehemals Ottomanischen Reiche. Der Apostolische Stuhl sah sich im Laufe der Jahrhunderte häufig veranlaßt, das in den Kapitulationen zugestandene Schutzrecht der christlichen Mächte zugunsten der Christen und der Heiligen Stätten Palästinas in Anspruch zu nehmen. P. Lemmens O. F. M. zählt für einen Zeitraum von rund 200 Jahren (1634—1836) nicht weniger als 53 Fälle auf, in denen der Apostolische Stuhl offiziell an einen oder zugleich mehrere christliche Staaten mit der Bitte herantrat, ihren Einfluß zum Schutze der kirchlichen Interessen bei der Hohen Pforte geltend zu machen [1]). Diese Aufzählung ist nicht einmal vollständig. Nehmen wir hinzu die gelegentlichen Kundgebungen der höchsten kirchlichen Stelle zur Bekräftigung des Systems! Besonders die anerkennenden Worte, die Papst Leo XIII. im Jahre 1888 für das Wirken des französischen Protektorats im Orient fand [2]). Alles zusammengefaßt

---

[1]) Lemmens, O. F. M., Acta S. Congregationis de Propaganda Fide, Quaracchi 1921, 1922. Tom. II, p. 330 s.

[2]) Acta Sanctae Sedis, XXXI, p. 194 s.

ergibt eine konstante Praxis des Apostolischen Stuhles. Wenn man dem Hinweis auf die ältere Diplomatie der römischen Kurie mit der Bemerkung begegnet, daß es sich hierbei um längst verklungene Zeiten und radikal gestürzte Rechtsverhältnisse handelt, so wird man doch nicht umhinkönnen, das Grundsätzliche in ihr anzuerkennen. In den angeführten Tatsachen liegt das Urteil, daß eine kirchliche Aktion, mit Hilfe des Völkerrechts durchgeführt, dem Wesen des Christentums nicht widerstreitet.

In der neuesten Zeit bewegt sich die päpstliche Diplomatie in den gleichen Bahnen. Drei Tatsachen lassen sich dafür namhaft machen.

Erstens: Als sich im Jahre 1922 die Abgesandten der sowjetischen Zentralregierung Rußlands zum ersten Male mit den Delegierten der Westmächte zu gemeinsamen Beratungen in Genua zusammenfanden, richtete Staatssekretär Kardinal Gasparri ein Memorandum an die Kongreßteilnehmer, worin er bat, bei einem etwaigen Abkommen mit Sowjetrußland auf folgende Punkte Rücksicht nehmen zu wollen: 1. Vollkommene Gewissensfreiheit für alle Einwohner Rußlands ohne Unterschied der Konfession zu gewährleisten, 2. die private und öffentliche Religionsübung zu gestatten, 3. das Recht der Religionsgemeinschaften auf Eigentum sicherzustellen. Leider zeitigten die damaligen Verhandlungen kein greifbares Resultat. Bemerkenswert ist in dem vorliegenden Falle die amtliche Initiative des päpstlichen Staatssekretärs zur Schaffung völkerrechtlicher Bestimmungen und ferner die strikte Einhaltung der rein religiösen Linie gegenüber dem bolschewistischen Rußland.

Zweitens: Noch weit bedeutsamer ist das Schreiben Pius' XI. vom 15. Juni 1926 an die Apostolischen Vikare und Präfekten Chinas, des klassischen Landes für die völkerrechtlichen Bestimmungen religionspolitischer Natur in der neueren Zeit [1]). Es enthält eine kurze Erörterung unserer Frage vom grundsätzlichen Standpunkt aus. Darin heißt es: „Wenn die Staatslenker bisweilen in einigen Gebieten den Schutz der Kirche übernommen haben, so hat ihn die Kirche niemals zum Schaden der Einheimischen, sondern nur dazu benützt, um sich und die ihrigen vor den Belästigungen böswilliger Menschen sicherzustellen. Es ist ja klar, daß es zu den naturgemäßen Aufgaben eines jeden Staates gehört, Leben, Recht und Besitztum aller seiner Bürger auf der weiten Welt zu schützen; diesen Schutz haben die Träger des Missionswerkes besonders in den

[2]) Acta Apostolicae Sedis, XVIII (1926), p. 303 ss.

Zeiten der Verfolgung erfahren. Der Apostolische Stuhl hat eine solche Verteidigung nicht abgelehnt, mit dem einzigen Ziele, das Missionswerk den Willkürlichkeiten und Ungerechtigkeiten übelgesinnter Leute zu entziehen; aber durchaus nicht, um jene anderen Bestrebungen, die den auswärtigen Staatslenkern gelegentlich des Schutzes ihrer Bürger vielleicht vor Augen schwebten, zu unterstützen."

Wie in den Worten Pius' XI. angedeutet wird, besagt das grundsätzliche Einverständnis mit dem völkerrechtlichen Religionsschutz ganz und gar nicht die Gutheißung aller Maßnahmen, die auf Grund der vertraglichen Bestimmungen von den Regierungen ins Werk gesetzt werden, selbst dann nicht, wenn sich nach den völkerrechtlichen Prinzipien alles ordnungsgemäß abwickelt. Es darf in diesem Zusammenhang daran erinnert werden, daß der Apostolische Stuhl über das Vorgehen der christlichen Mächte in China (Militärexpeditionen, Entschädigungsforderungen für die Missionen, Sühnekirchen usw.) niemals ein amtliches Urteil gefällt hat.

Drittens: Am 4. Dezember 1926 wurden zwischen dem Apostolischen Stuhl und der französischen Regierung zwei Vereinbarungen getroffen über die liturgischen Ehrenbezeugungen, die den amtlichen Vertretern Frankreichs in den Ländern des französischen Religionsprotektorats zu gewähren sind[1]). Auf Grund dieser Vereinbarungen ist dem Regierungsvertreter Frankreichs gegenüber an den drei Hauptfesten der Kirche, nämlich Weihnachten, Ostern und Pfingsten folgendes zur Ausführung zu bringen: 1. Er wird zum Hochamt eingeladen; 2. er erhält einen Ehrensitz in der Kirche; 3. an der Kirchtüre wird er vom Klerus empfangen; 4. während des Hochamtes empfängt er den Inzens vor den übrigen; 5. nach Beendigung der Messe geleitet ihn der Klerus bis zur Kirchentüre. Schon die einfache Tatsache, daß das Reglement der Ehrenbezeugungen, das zum erstenmal im Jahre 1742 aufgestellt wurde, gegenwärtig erneuert wird, bekundet die Stellungnahme der heutigen päpstlichen Diplomatie in der Frage des Religions- und Missionsprotektorats. Ausdrücklich wird hervorgehoben, daß die liturgischen Ehrenbezeugungen „in Anerkennung des französischen Protektorats" erwiesen würden. Allerdings hat der Aposto-

---

[1]) Acta Apostolicae Sedis, XIX (1927), p. 9 ss. Die erste Vereinbarung bezieht sich auf die Länder des Nahen Orients, in denen die Kapitulationen aufgehoben worden sind, die zweite auf jene Länder, in denen das Protektorat noch ausgeübt wird. Vgl. „Augur", Vatican and China, in: Fortnightly Review, London, Februar 1927, S. 160 ff. Kommentar zu den Abkommen in L'Europe Nouvelle, Paris, Jahrg. 10, S. 284 ff.

lische Stuhl mit dem Abschluß der Vereinbarung weitere kirchenpolitischen Ziele verbunden. Dieser Akt bildet einen Teil in einem größeren Programm. Die Zusammenhänge offenbaren sich in der Bestimmung, daß sich der Apostolische Stuhl das Recht vorbehält, die Ehrenbezeugungen zu verweigern, wenn Frankreich die Botschaft beim Vatikan aufhebt.

Wenngleich der Apostolische Stuhl das auf dem Völkerrecht beruhende Religionsprotektorat grundsätzlich billigt, so nimmt er doch auf die nationalen Gefühle der Länder, in denen es ausgeübt wird, gebührende Rücksicht. Die soeben erwähnte Vereinbarung über das Privileg der liturgischen Ehrenbezeugungen enthält die Bestimmung: „Dieses Privileg wird suspendiert, wenn die Landesregierung dagegen Einspruch erhebt.“ Unwillkürlich denkt man dabei an die nationalistischen Aspirationen der Chinesen. Im Anschluß daran sei darauf hingewiesen, daß der Apostolische Stuhl schon früher der chinesischen Regierung auf dem Gebiete des Religionsprotektorats entgegenzukommen bereit war. Im Jahre 1885 und ein zweites Mal im Jahre 1918 ernannte der Papst auf Bitten der Pekinger Regierung einen Apostolischen Nuntius für China, dessen Tätigkeit das weltliche Missionsprotektorat zum Teil überflüssig gemacht hätte. Beide Male wurde die Ausführung durch die Politik Frankreichs verhindert, das China gegenüber auf seinen Vertrag pochte [1]). Diese Vorkommnisse lehren uns ein Doppeltes: 1. Es gibt Umstände, unter denen der Apostolische Stuhl im Interesse der Religion gerne auf ein Stück des diplomatischen Schutzes, der kraft völkerrechtlicher Vereinbarung ausgeübt wird, verzichten möchte; 2. nachdem das Völkerrecht den Religionsschutz in sein System eingeordnet hat, ergibt sich für die Kirche leicht eine Zwangslage.

V. Die vorliegende Schrift behandelt die religionspolitische Materie, insoweit sie die Missionsländer berührt. Tatsächlich wird dadurch das gesamte völkerrechtliche Material, das für die Religion zur Ausprägung gelangte, herangezogen. Nur die Anwendung der Minderheitenschutzbestimmungen auf die mitteleuropäischen Staaten, sowie auf Polen, Litauen und Estland unterbleibt. Weil aber die genannten Bestimmungen bei anderen Ländern ausführlich erörtert werden, so trägt diese Ausschaltung einen fast rein formalen Charakter. Es hat einen besonderen Reiz, der ganzen Abhandlung ein missionarisches Relief zu verleihen. Nicht subjektive Liebhaberei, sondern die Tatsachen selbst befürworten es.

---

[1]) Näheres bei Grentrup, Jus missionarium, Steyl 1925, tom. I, p. 398.

Der Missionsbegriff kommt im Anschluß an Kanon 1350 § 2 des kirchlichen Gesetzbuches in seinem weiteren Sinne zur Anwendung. Es werden alle jene Staaten zu berücksichtigen sein, die unter der Propagandakongregation als der obersten Missionsbehörde der katholischen Kirche stehen. Dazu gehören auf Grund des Kan. 252 § 3: 1. Die Länder ohne reguläre Diözeseneinteilung; 2. jene Länder, deren katholisches Leben, sei es wegen seiner Neuheit, sei es wegen eines fatalen Rückschlages, sich in einem Anfangsstadium befindet. Welche Länder im einzelnen als Missionsgebiete anzusprechen sind, muß dem amtlichen Verzeichnis der Propagandakongregation, den „Missiones Catholicae", entnommen werden.

Methodisch wird mit Übergehung der geschichtlichen Entwicklung die Aufmerksamkeit möglichst auf das geltende Völkerrecht konzentriert. Geschichtliche Bemerkungen, die gelegentlich einfließen, müssen im Interesse einer guten Darstellung hingenommen werden, aber mehr als einen kleinen Akzent sollen sie dem Ganzen nicht geben. Wer einen tieferen Blick in die Geschichte dieser Materie zu tun wünscht, möge das Jus missionarium, Steyl 1925, vom Verfasser dieser Schrift oder die kürzere Abhandlung von Prof. Karl Mirbt in der Festgabe für Adolf von Harnack, Tübingen 1921, zur Hand nehmen. Daß gerade das geltende Völkerrecht einer besonderen Erörterung unterzogen wird, hat seinen Grund darin, daß es in der jüngsten Zeit eine beachtenswerte Fortbildung erfahren hat.

Die Einteilung der folgenden Darlegung ist nach geographischem Gesichtspunkte getroffen worden. Es werden der Reihe nach die Erdteile und ihre verschiedenen Missionsländer mit den geltenden völkerrechtlichen Bestimmungen vorgeführt. Doch scheint es aus praktischen Gründen geraten, dem fast universell geltenden Versailler Friedensvertrag vom Jahre 1919 mit den anschließenden Dokumenten ein eigenes, kurz bemessenes Kapitel zu widmen.

I. Europa.

In der Organisation der katholischen Kirche gehören der Norden Europas und die Balkanländer zum Ressort der Missionsgebiete [1]). Der Norden Europas kommt für das Völkerrecht in religionspolitischer Beziehung nicht in Frage, ausgenommen Finnland, das vom Minderheitenschutzvertrag indirekt berührt wird.

Die Balkanstaaten unterstehen ohne Ausnahme den Minderheitenschutzverträgen und werden dadurch in weitem Maße in der Führung ihrer Religionspolitik völkerrechtlieh bestimmt. Einzig die genannten Verträge greifen gegenwärtig als höhere Rechtsmacht in die innerstaatliche Religionspolitik dieser Länder ein. Wenn auch heute noch von den Balkanstaaten als von Missionsgebieten gesprochen wird, so darf nicht übersehen werden, daß diese Bezeichnung für Rumänien und Serbien nur auf ihren territorialen Altbesitz Anwendung findet. Es ist klar, daß die ungarischen Bistümer Siebenbürgen, Sathmar, Großwardein und Csanád, die auf Grund des Trianoner Friedens vom 4. Juni 1920 ganz oder teilweise mit Rumänien vereinigt wurden, durch die politische Umschaltung nicht auf die Stufe von Missionsbistümern herabgefallen sind. Dasselbe gilt von jenen Teilen der österreichisch-ungarischen Monarchie, aus denen in Verbindung mit Serbien das Königreich der Serben, Kroaten und Slowenen, kurz genannt Jugoslawien, gebildet wurde. Diese Tatsachen müssen zur Vermeidung von Mißverständnissen wohl im Auge behalten werden.

Wenn Sowjetrußland, obwohl es kirchenrechtlich nicht zu den Missionsländern zählt, in den Kreis der Erörterung einbezogen wird, so dürften die Gründe dafür nicht allzuweit zu suchen sein. Die Lagerung der religiösen Verhältnisse bei den Russen ist wegen des gemeinsamen orthodoxen Bekenntnisses im wesentlichen dieselbe, wie bei den Bulgaren, Serben und Rumänen. Die äußere geographische Umfassung der orthodoxen Kirche bei den genannten Völkern ist freilich durch den Weltkrieg ganz verschieden gestaltet worden. Während den Serben und Rumänen ein mehr oder minder starker Wall katholischen und protestantischen Kirchenwesens vorgelagert

---

[1]) Vgl. Missiones Catholicae S. Congregationis de Propaganda Fide descriptae, Florentiae 1922, p. 1—9.

worden ist, hat Rußland seine nichtorthodoxen Gebiete durch die Abtrennung Polens und der baltischen Staaten zum großen Teil verloren. Für die einen wurde das kirchenpolitische Tor gegen Mitteleuropa hin weit geöffnet, für Rußland dagegen fester verschlossen.

Die Besprechung der einzelnen Länder Europas wird aus praktischen Gründen mit den Balkanstaaten eingeleitet und mit Rußland, dem Finnland folgt, abgeschlossen.

1. Rumänien.

I. Der Friedensvertrag zwischen Deutschland, Österreich-Ungarn, Bulgarien und der Türkei einerseits und Rumänien andererseits, der nach der siegreichen Offensive gegen Rumänien am 7. Mai 1918 zu Bukarest abgeschlossen wurde, sprach die gesetzliche Gleichstellung der verschiedenen Religionsbekenntnisse in Rumänien aus. Artikel 27 bestimmte, daß dem römisch-katholischen, dem griechisch-unierten, dem bulgarisch-orthodoxen, dem protestantischen, dem islamitischen und dem jüdischen Kultus dieselben Rechte zu gewähren seien, wie dem rumänisch-orthodoxen Kultus. Im besonderen wurde ihnen die Freiheit zuerkannt, Pfarreien oder Kultusgemeinden und Schulen zu gründen. In einem deutsch-rumänischen Zusatzvertrag vom gleichen Datum konnte noch eigens der deutschen Kirchengemeinden und Schulen in Rumänien gedacht werden [1]. Mit dem unglücklichen Ausgang des Weltkrieges verschwanden diese Verträge automatisch.

II. Die religions-politischen Verhältnisse Rumäniens werden gegenwärtig vom Minderheitenschutzvertrag beherrscht, der am 10. September 1919 zwischen den alliierten Hauptmächten und Rumänien unterzeichnet wurde. Der Vertrag ist die Ausführung des Artikels 60 des Friedensvertrages von St. Germain vom 10. September 1919 zwischen den Alliierten und Österreich. Soweit die Bestimmungen über die Behandlung der Minderheiten die Religion betreffen, haben sie folgenden Wortlaut [2]:

Artikel 1.

„Rumänien verpflichtet sich, daß die in den Artikeln 2—8 dieses Kapitels enthaltenen Bestimmungen als Grundgesetze anerkannt werden; ferner, daß kein Gesetz, keine Verordnung und keine amtliche Handlung im Gegensatz oder im Widerspruch zu diesen Be-

---

[1]) Bordihn, Franz, Das positive Recht der nationalen Minderheiten, Berlin 1921, S. 34 f.

[2]) Société des Nations. Recueil des Traités. Vol. V (1921), p. 336 ss.

stimmungen stehen, und daß kein Gesetz, keine Verordnung und keine amtliche Handlung ihnen gegenüber den Vorzug haben wird.

Artikel 2.

Die rumänische Regierung verpflichtet sich, allen Einwohnern ohne Unterschied der Geburt, der Nationalität, der Sprache, der Rasse und der Religion vollen und vollkommenen Schutz für ihr Leben und ihre Freiheit zu gewähren.

Alle Einwohner Rumäniens sollen das Recht auf die freie, sowohl öffentliche wie private Ausübung jeden Bekenntnisses, jeder Religion oder jeden Glaubens haben, deren Betätigung mit der öffentlichen Ordnung und den guten Sitten nicht unvereinbar ist.

Artikel 8.

Alle rumänischen Staatsangehörigen sind vor dem Gesetze gleich und genießen die gleichen bürgerlichen und politischen Rechte ohne Unterschied der Rasse, Sprache und Religion.

Der Unterschied der Religion, des Glaubens oder Bekenntnisses darf keinem rumänischen Staatsangehörigen hinderlich sein im Hinblick auf den Genuß der bürgerlichen und politischen Rechte, insbesondere auf die Zulassung zu öffentlichen Ämtern, Dienststellen und Ehren oder auf die Ausübung der verschiedenen Berufe und Gewerbe.

Es soll keine Bestimmung erlassen werden, die die rumänischen Staatsangehörigen im freien Gebrauch irgendeiner Sprache beschränkt, weder in ihren privaten oder geschäftlichen Beziehungen, noch in Angelegenheiten der Religion, der Presse oder Veröffentlichungen jeder Art, noch auch in öffentlichen Versammlungen.

Unbeschadet der Festsetzung einer Amtssprache durch die rumänische Regierung sollen den rumänischen Staatsbürgern mit einer anderen Sprache, als der rumänischen, vernünftige Erleichterungen für den mündlichen und schriftlichen Gebrauch ihrer Sprache vor den Gerichten gewährt werden.

Artikel 9.

Die rumänischen Staatsangehörigen, die einer völkischen, religiösen oder sprachlichen Minderheit angehören, genießen die gleiche Behandlung und die gleichen rechtlichen und tatsächlichen Garantien wie die übrigen rumänischen Staatsangehörigen. Sie haben im besonderen das gleiche Recht, auf ihre Kosten charitative, religiöse oder soziale Einrichtungen, Schulen und andere Erziehungsanstalten zu gründen, zu leiten und zu beaufsichtigen, mit dem Recht, in ihnen ihre eigene Sprache frei zu gebrauchen und ihre Religion unbehindert zu betätigen.

Artikel 10.

In bezug auf das öffentliche Unterrichtswesen soll die rumänische Regierung in den Städten und Bezirken, wo ein beträchtlicher Prozentsatz rumänischer Staatsangehöriger mit einer anderen Sprache als der rumänischen wohnt, angemessene Erleichterungen gewähren, um sicherzustellen, daß in den Elementarschulen den Kindern dieser rumänischen Staatsangehörigen der Unterricht in ihrer eigenen Sprache erteilt wird. Diese Bestimmung soll die rumänische Regierung nicht hindern, in diesen Schulen den obligatorischen Unterricht der rumänischen Sprache einzuführen.

In den Städten und Bezirken, wo in beträchtlichem Ausmaß rumänische Staatsangehörige wohnen, die einer völkischen, religiösen oder sprachlichen Minderheit angehören, soll diesen Minderheiten ein entsprechender Anteil an dem Genuß und an der Verwendung der Summen sichergestellt werden, die in den öffentlichen Fonds der staatlichen, städtischen oder anderen Budgets für die Zwecke der Erziehung, der Religion und der Wohltätigkeit ausgesetzt werden.

Artikel 12.

Rumänien ist damit einverstanden, daß in dem Umfange, wie die Bestimmungen der vorstehenden Artikel Personen betreffen, die einer nationalen, religiösen oder sprachlichen Minderheit angehören, diese Bestimmungen Verpflichtungen von internationalem Interesse bilden, und daß sie unter die Garantie des Völkerbundes gestellt werden. Sie können nur mit Zustimmung der Mehrheit des Völkerbundrats geändert werden. Die Vereinigten Staaten von Amerika, das Britische Reich, Frankreich, Italien und Japan verpflichten sich, ihre Zustimmung zu jeder Änderung der erwähnten Artikel, die in gehöriger Form von der Mehrheit des Völkerbundrats beschlossen worden ist, nicht zu verweigern.

Rumänien ist damit einverstanden, daß jedes Mitglied des Völkerbundrats das Recht hat, dem Rate jede Übertretung oder die Gefahr einer Übertretung irgendeiner dieser Verpflichtungen zur Kenntnis zu bringen, und daß der Rat in einer Weise einschreitet und Anweisungen gibt, die den Umständen nach angemessen und wirksam sind.

Rumänien erklärt sich damit einverstanden, daß im Falle einer Meinungsverschiedenheit, die sich über die diese Artikel betreffenden Rechts- und Tatsachenfragen zwischen der rumänischen Regierung und einer der alliierten und assoziierten Hauptmächte oder jeder anderen Macht, die Mitglied des Völkerbundrats ist, ergeben wird, diese Meinungsverschiedenheit als eine Streitfrage von internationalem Charakter nach den Bestimmungen des Artikels 14 der Satzungen des Völkerbunds betrachtet werden soll. Die rumänische Regierung ist damit einverstanden, daß jede Streitfrage dieser Art, wenn die Gegenpartei es verlangt, vor den Ständigen Internationalen Schiedshof gebracht wird. Die Entscheidung des Ständigen Schiedshofes soll keiner Berufung unterliegen und dieselbe Rechtskraft und Geltung haben, wie eine Entscheidung, die nach Artikel 13 der Völkerbundssatzungen getroffen ist."

III. Die vorstehenden Artikel greifen ohne Zweifel tief in das nationale Leben, im besonderen in das Staatskirchenrecht Rumäniens ein. Das Hauptziel der religionspolitischen Vorschriften ist nicht die äußere Gestaltung eines bestimmten staatskirchlichen Systems, sondern die Sicherstellung seines freiheitlichen Geistes. Um es konkreter auszudrücken: Die Frage, ob Trennung von Staat und Kirche oder das Gegenteil, weckt bei den Unterzeichnern des Minderheitenschutzvertrages nicht das mindeste Interesse. Darüber entscheidet Rumänien selbst. Wenn es heute diese Form und morgen jene wählt, so hat das Völkerrecht keine Veranlassung, sich dazu irgendwie zu äußern. Aber jedes staatskirchliche System, das Rumänien in freier Gesetzgebung aufstellt, muß in seinem Grund- und Aufriß einigen allgemeinen Richtlinien über den Schutz der Religion entsprechen. Hierin unterliegt die rumänische Regierung dem Zwange, den sie durch ihre Unterschrift anerkannt hat.

Die nächste Veranlassung, diese Richtlinien in die Führung der rumänischen Kirchen- und Religionspolitik völkerrechtlich einzubauen, war die Rücksicht auf die nationalen Minderheiten, die bei der Liquidation des Weltkrieges dem rumänischen Staatskörper einverleibt wurden. Wohnen doch in den neu erworbenen Gebieten mit ihren rund 8 300 000 Einwohnern nicht weniger als 4 200 000 Nichtrumänen (Magyaren, Russen, Ukrainer, Deutsche, Bulgaren usw.), deren Eigenkultur zu schützen, sich die Alliierten feierlich verpflichtet hatten. Als wichtiges Kulturgut mußte auch die Religion beschirmt werden. Dies erschien um so dringender, als die in den Minderheiten gepflegten Religionen des Katholizismus und Protestantismus zur griechisch-orthodoxen Religion der rumänischen Mehrheit im Gegensatz stehen. In ihren obersten Forderungen werden die für die Behandlung der Religion aufgestellten Grundsätze über die Minderheiten hinaus auf alle Einwohner Rumäniens erstreckt. Die Fürsorge für das Teilgebiet der Minderheiten betätigt sich dabei in der Weise, daß der gesamten Kirchenpolitik des Landes der Weg vorgezeichnet wird. In der Forderung der allgemeinen Religionsfreiheit in Rumänien fußt der Minderheitenschutzvertrag auf dem Artikel 44 des Berliner Vertrags vom 13. Juli 1878 [1]).

Der Form nach lassen sich 3 Gruppen von religionspolitischen Bestimmungen im Minderheitenschutzvertrag unterscheiden: 1. Einige lauten allgemein und absolut. Ein genau bezeichneter Rechtsinhalt wird auf alle Einwohner Rumäniens in gleicher Weise ausgedehnt, z. B. die Religionsfreiheit (Art. 2). 2. Andere Bestimmungen haben nur den formalen Zweck, auf einzelnen Gebieten eine Rechtsungleichheit zwischen der Mehrheit des Staatsvolkes und seiner Minderheit zu verhüten, wobei es der rumänischen Regierung überlassen bleibt, welches Maß von Rechten sie für beide Teile festsetzen will. Das trifft z. B. auf die Errichtung von Schulen und Wohltätigkeitsanstalten zu (Art. 9). Von der Seite der Minderheiten aus gesehen, sind die Forderungen bedingt. 3. Endlich gibt es solche Bestimmungen, in denen einzig und unmittelbar die Minderheiten zum Subjekt bestimmter Rechte gemacht werden. Ein Beispiel: Das Recht einer verhältnismäßig starken Minderheit in einem Schulbezirk, ihre Kinder in der Muttersprache unterrichten zu lassen (Art. 10.) Für die Interpretation der Vertragsartikel ist es von größter Wichtigkeit, sich die angedeutete Unterscheidung in jedem Falle vor Augen zu halten.

IV. Wenden wir nach diesen allgemeinen Bemerkungen unsere Aufmerksamkeit den vereinbarten Texten im einzelnen zu.

Artikel 1 umschreibt den Rechtscharakter der in den folgenden 7 Artikeln enthaltenen Bestimmungen. Sie stehen im Range der Grundgesetze, denen kein rumänisches Recht, aus welcher

---

[1]) Als Abschluß des Berliner Kongresses zur Neuordnung der Balkanstaaten (1878) kam ein Vertrag zwischen Deutschland, Österreich-Ungarn, Frankreich, Großbritannien, Italien, Rußland und der Türkei zustande, dessen Artikel 44 lautet: „In Rumänien darf der Unterschied des religiösen Glaubens und der Bekenntnisse niemandem gegenüber geltend gemacht werden als ein Grund der Ausschließung oder der Unfähigkeit bezüglich des Genusses der bürgerlichen und politischen Rechte, der Zulassung zu öffentlichen Diensten, Ämtern und Ehren oder der Ausübung der verschiedenen Berufs- und Gewerbszweige, an welchem Orte es auch sein mag. Die Freiheit und die öffentliche Ausübung aller Kulte werden allen Angehörigen des rumänischen Staates sowie den Ausländern zugesichert, und es darf weder der hierarchischen Organisation der verschiedenen Religionsgemeinschaften noch den Beziehungen derselben zu ihren geistlichen Oberen ein Hindernis entgegengestellt werden. Die Angehörigen aller Mächte, die handeltreibenden sowohl wie die übrigen, sollen in Rumänien ohne Unterschied der Religion auf dem Fuße vollkommener Gleichstellung behandelt werden." Dieselben Verpflichtungen wurden Bulgarien (Art. 5), Montenegro (Art. 27), Serbien (Art. 35) und der Türkei (Art. 62) auferlegt. Reichsgesetzblatt, Jahrgang 1878, S. 307 ff.

Quelle es immer kommen mag, jemals widerstreiten darf. Gesetze dieser Art pflegen in der Verfassungsurkunde eines Staates zusammengefaßt zu werden. Der Gedanke liegt deshalb nahe, den Text der genannten Vertragsartikel ihr einzufügen, doch wird es nicht verlangt. Polen und die Tschechoslowakei haben die Vorschriften über den Schutz der Minderheiten mit dem Verfassungsgesetz organisch verwoben. Rumänien ist in seiner Verfassung, die am 28. März 1923 die Sanktion erhielt, mit Stillschweigen darüber hinweggegangen [1]). Auch glaubte es nicht, das Vorbild Ungarns, das in einer besonderen Regierungsverordnung die Minderheitsrechte als Eigenrecht verkündigte, nachahmen zu sollen. In rein formaler Hinsicht bedeutet das negative Verhalten Rumäniens einen Mangel für die nationalen Minderheiten.

Artikel 2 garantiert den Schutz des Lebens und der Freiheit sowie der ungestörten Religionsübung. Die Religionsfreiheit macht keinen Unterschied der Bekenntnisse. Alle erfreuen sich der gleichen Begünstigung. Es verdient Beachtung, daß nicht nur die private, sondern auch die öffentliche Religionsübung frei ist. Für letztere gilt nur die Schranke der öffentlichen Ordnung und der guten Sitten. Allerdings liegt darin die Möglichkeit allgemein beschränkender Maßnahmen, wie sie im Verfassungsgesetz tatsächlich ausgesprochen werden. Sein Artikel 28, der auf die kirchlichen Veranstaltungen Anwendung findet, bestimmt: „Versammlungen unter freiem Himmel sind gestattet, ausgenommen auf öffentlichen Plätzen und Wegen. Die Versammlungen, Umzüge und Kundgebungen auf öffentlichen Straßen und Plätzen sind den Polizeigesetzen unterworfen."

Die im Artikel 2 angeführten Rechte erstrecken sich auf alle Einwohner Rumäniens, selbst ohne Rücksicht auf ihr Bürgerrecht. Die Fremden stehen in dieser Beziehung den rumänischen Staatsbürgern nicht nach. Darum können ausländische Geistliche, die vorübergehend oder dauernd ihren Wohnsitz in Rumänien nehmen, von Rechts wegen ungehindert die kirchlichen Funktionen ausüben. Damit ist nichts entschieden über die Frage, ob nichtnaturalisierte fremde Geistliche ein vom Staate anerkanntes Kirchenamt zu übernehmen berechtigt sind. Ebensowenig werden dadurch die Einreise- und Niederlassungsvorschriften für die Ausländer außer Wirksamkeit gesetzt.

Artikel 8, 9, 10 und 12 des Vertrages befassen sich unmittelbar mit den Minderheiten, d. h. mit jenen rumänischen Staats-

[1]) Die Verfassung Groß-Rumäniens, übersetzt von Dr. Siegfried Klockner, Hermannstadt (o. J.).

bürgern (Ausländer gehören nicht dazu), die abseits der Mehrheit völkisch, sprachlich oder religiös ihrer traditionellen Eigenart folgen. Religionspolitisch fallen vor allem die Artikel 8 und 9 ins Gewicht. Es wird in ihnen u. a. zum Ausdruck gebracht, daß die Mitglieder der verschiedenen Religionen auf dem Gebiete des bürgerlichen und politischen Lebens gleich behandelt werden müssen. Ob ein rumänischer Staatsbürger orthodox, katholisch oder evangelisch, ob er jüdisch, mohammedanisch oder sonst was ist, beeinflußt in keiner Weise seine rechtliche Stellung dem Staat gegenüber. Keine Religion vermehrt die staatsbürgerlichen Rechte, und keine vermindert sie. Diese Forderung wird vollkommen klar ausgesprochen.

Ein Weiteres, das nach derselben Richtung geht, kann umstritten werden. Der in Frage kommende erste Absatz des 9. Artikels scheint nicht ganz eindeutig zu sein. Er lautet: „Die rumänischen Staatsangehörigen, die einer ...... religiösen ...... Minderheit angehören, genießen die gleiche Behandlung und die gleichen rechtlichen und tatsächlichen Garantien wie die übrigen Staatsangehörigen." Wenn man diesen Satz zugunsten der Minderheit weit interpretiert, so fordert er nicht nur eine Gleichstellung der individuellen Rechte der Minderheitsangehörigen mit der Mehrheit, sondern auch eine Gleichstellung der verschiedenen Religionsgemeinschaften in ihrer rechtlichen Beziehung zum Staate. In strikter Anwendung einer solchen Interpretation dürfte die orthodoxe Kirche Rumäniens als Ganzes und in ihren Gliedern nicht ein Teilchen von Rechten und Vergünstigungen mehr besitzen, als z. B. die katholische und protestantische Kirche. Dieselbe Auslegung, mit voller Konsequenz weitergeführt, würde sogar verlangen, daß irgendeine kleine selbständige Kirchengemeinschaft von gestern ohne weiteres in alle Rechte der seit Jahrhunderten bestehenden und den Großteil der Nation umfassenden Kirche einträte. Aber gerade hierin zeigt sich, vom staatskirchlichen Standpunkt aus betrachtet, eine Überspannung der Forderung. Es muß deshalb zweifelhaft erscheinen, ob die vertragschließenden Parteien dem angeführten Artikel den weitgefaßten Sinn geben wollten mit allen seinen Konsequenzen.

Die Einstellung des rumänischen Verfassungsgesetzes zu diesem Punkte entbehrt der strengen Einheit. Im Artikel 22 heißt es: ...... „Der Staat gewährleistet allen Kulten die gleiche Freiheit und Unterstützung, insoweit ihre Ausübung nicht die öffentliche Ordnung, die guten Sitten und die Organisationsgesetze des Staates beeinträchtigt. Die christlich-orthodoxe Kirche sowie die griechisch-katholische sind rumänische Kirchen. Die orthodox-rumänische Kirche als die Religion der großen Mehrheit der Rumänen ist die herrschende Kirche im rumänischen Staat; die griechisch-katholische hat gegenüber den übrigen Kulten den Vorzug ..." Während der Eingang des zitierten Textes den Gedanken nahe legt, daß der rumänische Staat alle Kirchengemeinschaften auf die gleiche Linie bringen wolle, verkündet er im weiteren Verlauf die Vorrangstellung der „rumänischen Kirchen", die allerdings keine feste juristische Umschreibung erfährt [1]). Das Beispiel einer ausgeprägt ungleichen Behandlung der Kirchengemeinschaften zeigt Artikel 72 der Verfassung. Er bestimmt, daß alle Bischöfe der orthodox-rumänischen und der griechisch-katholischen Kirche von Amts wegen Mitglieder des Senats seien, dagegen beruft er von den übrigen Religionsgemeinschaften nur je einen Bischof bzw. ein Oberhaupt zur Senatorenwürde.

Artikel 9 des Vertrages ordnet das Recht betreffend die Errichtung und Leitung von charitativen, religiösen und sozialen Instituten, sowie von Schulen und sonstigen Erziehungsanstalten. In allen diesen Angelegenheiten sollen die Minderheiten mit der Mehrheit vollkommen gleichberechtigt sein. Das Recht der Minderheit und jenes der Mehrheit sind wie zwei Bassins, die miteinander in Verbindung stehen. In demselben Grade, wie das Wasser in dem einen Bassin steigt oder fällt, muß es auch in dem anderen steigen oder fallen. Es ist Sache der rumänischen Landesgesetzgebung, den gemeinsamen Zufluß mehr oder minder weit zu öffnen.

Wie ist es tatsächlich mit der paritätischen Behandlung auf diesem Gebiete bestellt? Ein Blick auf das Privatschulwesen, das durch Gesetz vom 22. Dezember 1925 geregelt wurde, möge uns darüber belehren. Artikel 3 lautet:

„Die (Partikular-)Schulen können nur von rumänischen Staatsbürgern errichtet werden: sei es einzeln, sei es, daß sie in kulturellen Gesellschaften oder religiösen Gemeinschaften zusammengeschlossen sind, die als juristische Personen anerkannt sind.

Solche Schulen können nicht errichtet werden von kulturellen Gesellschaften, Mönchsorden und Schulkongregationen, die von Organisationen in anderen Staaten abhängen [2])."

---

[1]) Ein Gegenstück dazu bietet die vom 17. März 1921 datierte Verfassungsurkunde der Republik Polen, das denselben Minderheitenschutzvertrag unterzeichnet hat wie Rumänien. Artikel 114 der Verfassung lautet: „Das römisch-katholische Bekenntnis als die Religion der überwiegenden Mehrheit des Volkes nimmt im Staate die Hauptstellung unter den gleichberechtigten Bekenntnissen ein."

[2]) Müller, Friedrich, Das Gesetz über das nichtstaatliche Schulwesen Rumäniens, übersetzt und mit Anmerkungen versehen. Hermannstadt 1925/26.

In der Form wahrt diese Bestimmung den allgemeinen Charakter, aber es ist sonnenklar, daß durch den zweiten Absatz tatsächlich nur die Freiheit der religiösen Minderheiten, vor allem der katholischen Minderheit, eine ganz empfindliche Einschränkung erfährt. In Wirklichkeit liegt hier eine schlimme Ausnahmebestimmung vor. Darum widerstreitet sie — das muß mit aller Deutlichkeit ausgesprochen werden — dem Sinn und Geiste des Minderheitenschutzvertrages.

Artikel 12 des zitierten Vertrags vereinbart, daß die den Minderheiten zuerkannten Rechte unter der Garantie des Völkerbundes stehen. Sie können nur mit Zustimmung der Mehrheit des Völkerbundrates abgeändert werden. Wenn oben gesagt wurde, daß die in den Artikeln 2—8 ausgesprochenen Forderungen den Rang von Grundgesetzen einnehmen, so muß dies noch dahin ergänzt werden, daß sie an Festigkeit die Verfassungsgesetze sowie die gewöhnlichen völkerrechtlichen Verträge übertreffen. Die rumänische Regierung kann aus eigener Machtvollkommenheit die ihr auferlegten Pflichten niemals lockern. Nur der Völkerbundrat ist dafür zuständig. Bei ihm ruht im letzten Grunde die Entscheidung über die staatskirchliche Rechtslage in Rumänien. Darum ist die Entwicklung des Völkerbunds und seines Rates von ausschlaggebender Bedeutung für das rumänische Religionsrecht.

Auf Grund desselben Artikels haben die vertragschließenden alliierten Hauptmächte (Vereinigte Staaten von Amerika, Groß-Britannien, Frankreich, Italien, Japan) und die übrigen Mitglieder des Völkerbundrates das Recht, eine Verletzung dieser Bestimmungen dem Völkerbundrat anzuzeigen und ihn zu veranlassen, sich autoritativ mit der Angelegenheit zu befassen. Weil die Minderheiten selbst keine Vertragskontrahenten sind, können sie aus sich heraus den Völkerbundrat rechtlich nicht zum Einschreiten bewegen, doch steht es ihnen frei, Bittschriften und Informationen an den Völkerbund gelangen zu lassen [1]). Die dritte Vollversammlung des Völkerbundes am 21. September 1922 und die 26. Sitzung des Rates am 3. September 1923 bestimmten das Verfahren, nach welchem die Klagen der Minderheiten, die beim Völkerbund einlaufen, zu erledigen sind. Zunächst untersucht das Sekretariat des Volkerbundes, ob die Eingabe nach Form und Inhalt überhaupt annahmefähig ist. Folgende Bedingungen müssen erfüllt werden: 1. Die Beschwerde muß sich beziehen auf ein im Minderheitenschutzvertrag bezeichnetes

---

[1]) Vgl. die vom Völkerbundrat genehmigten Ausführungen des italienischen Delegierten M. Tittoni vom 22. Oktober 1920. Abgedruckt bei Bordihn a. a. O. 65 f.

Recht; 2. sie darf nicht auf die Loslösung der klagenden Minderheit aus dem bisherigen Staatsverband abzielen; 3. sie darf nicht einer anonymen oder verdächtigen Quelle entstammen; 4. ihre Redeweise sei gemessen; 5. der berührte Gegenstand darf nicht neuestens bei den ordentlichen Instanzen anhängig gemacht worden sein. Wenn die Beschwerdeschrift für annahmefähig erklärt worden ist, so geht sie zur Gegenäußerung an die Regierung, gegen welche sie sich richtet. Beschwerdeschrift und Gegenäußerung werden an die Mitglieder des Völkerbundrates versandt. Die weitere Prüfung der Angelegenheit obliegt dem Vorsitzenden des Rates zusammen mit zwei anderen Ratsmitgliedern. Wenn einer von ihnen oder ein anderes Mitglied des Rates es verlangt, so wird der ganze Rat für die Schlichtung des Falles in Anspruch genommen. Der Rat hat die Befugnis, entsprechend dem Resultat der Untersuchung in einer Weise einzuschreiten und solche Maßnahmen zu treffen, die „angemessen und wirksam sind [1]).“

Es kommt natürlich vor allem darauf an, wie der Rechtsgang der Minderheitenbeschwerden praktisch gehandhabt wird. Bisher haben die Beschwerdeschriften an den Völkerbund den Minderheiten äußerst geringen Nutzen gebracht. Hoffen wir, daß sie in Zukunft mehr Glück haben.

V. Der Vertrag zwischen Groß-Britannien, Frankreich, Italien, Japan und Rumänien betreffs Bessarabien, abgeschlossen zu Paris am 28. Oktober 1920, dehnt die Minderheitenschutzbestimmungen auf dieses Gebiet aus. Rumänien verpflichtet sich darin, den Einwohnern Bessarabiens „ohne Rücksicht auf Rasse, Sprache oder Religion dieselben Garantien für die Freiheit und Rechte zu gewähren, wie den Einwohnern der übrigen Teile des Königreichs Rumänien“ (Art. 3) [2]).

2. Bulgarien.

I. Bulgarien wurde durch den Friedensvertrag mit den alliierten und assoziierten Mächten, der am 27. November 1919 zu Neuilly abgeschlossen wurde, in kirchlich-politischer Beziehung gebunden. Abschnitt IV des III. Teiles des genannten Vertrags ordnet den Schutz der völkischen, sprachlichen und religiösen Minderheiten innerhalb der Grenzen Bulgariens. Die darin getroffenen Bestim-

---

[1]) Eine ausführliche Darstellung des Verfahrens gibt Walter Ischerland, Die Rechtslage der deutschen Minderheiten in der Tschechoslowakei, Diss., Gelsenkirchen 1926, S. 84 ff.

[2]) Martens-Triepel, Nouveau Recueil général de traités, 3 série, tome XII., p. 849 ss.

mungen sind eine wörtliche Wiederholung der oben mitgeteilten Texte des Minderheitenschutzvertrages der Alliierten mit Rumänien. Es gleichen Artikel 49 des Friedensvertrages dem Artikel 1 des rumänischen Vertrags, Artikel 50 dem Artikel 2, Artikel 53 dem Artikel 8, Artikel 54 dem Artikel 9, Artikel 55 dem Artikel 10, Artikel 57 dem Artikel 12 [1]). Wegen der vollkommenen Textgleichheit finden die obigen Erläuterungen des rumänischen Vertrags auf den bulgarischen mutatis mutandis Anwendung.

II. Bulgarien hat sein altes Verfassungsgesetz vom 16./28. April 1879, abgeändert am 15./27. Mai 1893, bisher beibehalten [2]). Die Bestimmungen betreffend die Religion (Art. 37—42) lassen sich nicht in allem mit den Vereinbarungen von Neuilly in Einklang bringen. Artikel 37 der Verfassung erklärt „die christlich-orthodoxe Religion des orientalischen Ritus" als Staatsreligion. Der König von Bulgarien muß der orthodoxen Religion angehören (Artikel 38). Letzteres bedeutet 1. einen Gewissenszwang und 2. eine unparitätische Behandlung der Religionen. Das eine wie das andere widerstreitet den Forderungen des Friedensvertrags von Neuilly (Artikel 50 bzw. Artikel 53). Die im Artikel 53 des genannten Vertrags ausgesprochene Verneinung jedweden Einflusses des religiösen Bekenntnisses auf die Zulassung zu den Staatsämtern muß folgerichtig auf das höchste Staatsamt Anwendung finden. Im Lichte des genannten Friedensvertrags erscheinen ferner die Artikel 40 und 42 der Verfassung nicht ganz einwandfrei. Artikel 40 lautet: „Die nicht-orthodoxen Christen und Dissidenten bulgarischer oder fremder Nationalität, die ständig oder zeitweise ihren Wohnsitz in Bulgarien haben, genießen Freiheit des Kultus, insoweit diese mit den bestehenden Gesetzen im Einklang steht." Die Schlußklausel, für sich betrachtet, könnte die Handhabe zu allerlei Einschränkungen der Religionsfreiheit zuungunsten der Nicht-Orthodoxen bieten. Der Friedensvertrag verlangt auch für diese eine vollkommene Freiheit des privaten und öffentlichen Religionskultus. Ähnlich ist über den Artikel 42 der Verfassung zu urteilen, der folgendes bestimmt: „Für die kirchlichen Angelegenheiten der nicht-orthodoxen Christen und Dissidenten sind deren geistliche Behörden zuständig in den Grenzen der über diese Materie erlassenen Gesetze und unter der Oberaufsicht des zuständigen Ministers."

---

[1]) Der Friedensvertrag zwischen Bulgarien und den alliierten und assoziierten Mächten vom 27. November 1919. Im Auftrage des Auswärtigen Amtes. Amtlicher französischer Text. Berlin 1920.

[2]) Posener, Paul, Die Staatsverfassungen des Erdballs, Charlottenburg 1909, S. 16 ff.

3. Jugoslawien.

I. Die religiösen Minderheiten in Jugoslawien genießen die Vorteile des Minderheitenschutzvertrages, der am 10. September 1919 zwischen den alliierten Hauptmächten und dem Königreich der Serben, Kroaten und Slowenen unterzeichnet wurde [1]). Er stimmt mit dem rumänischen Minderheitenschutzvertrag aufs Wort überein. Man braucht statt „Rumänien" nur „Jugoslawien" einzusetzen, um den entsprechenden Text in den Händen zu haben.

II. Wie in Rumänien, so ist auch in Jugoslawien der Vertragstext für den Minderheitenschutz nicht in die Verfassungsurkunde, die vom 28. Juni 1921 datiert ist, übergegangen [2]). Ihr 12. Artikel regelt übrigens im Einklang mit den genannten Vertragsbestimmungen die Rechtsverhältnisse der Religionsgemeinschaften. Glaubens- und Gewissensfreiheit wird allen Einwohnern gewährleistet. Die anerkannten Glaubensbekenntnisse genießen das Recht der öffentlichen Kulthandlung. Ihre Gleichberechtigung vor dem Gesetze, einschließlich der finanziellen Unterstützung, findet klaren Ausdruck. Die Religionsgemeinschaften können die Beziehungen zu den Vorgesetzten, die außerhalb der jugoslawischen Staatsgrenzen wohnen, beibehalten. Eine Staatsreligion wird nicht aufgestellt. Ebensowenig ist die Rede von irgendwelcher Vorzugsstellung der serbisch-orthodoxen Kirche.

Daß der serbisch-orthodoxen Kirche, im Gegensatz zu Rumänien, kein verfassungsmäßiger Vorrang eingeräumt worden ist, kann mit Rücksicht auf die konfessionelle Zusammensetzung des südslawischen Staates nicht überraschen. Während in dem früheren Königreich Serbien die orthodoxe Kirche fast die absolute Alleinherrschaft behauptete, vereinigt sie in dem heutigen Jugoslawien nur mehr 46½% der Gesamtbevölkerung in sich. Ihr stehen geschlossen gegenüber 40% Katholiken und 11% Mohammedaner, der kleinen Religionssplitter nicht zu gedenken.

Es ist zu bemerken, daß die Kroaten und Slowenen, obwohl sie zahlenmäßig je eine Minderheit bilden, staatsrechtlich nicht als solche gelten, sondern zusammen mit den Serben die Mehrheit Jugoslawiens oder des serbisch-kroatisch-slowenischen Staates darstellen. Der Minderheitenschutzvertrag bezieht sich deshalb nur auf jene Nationalitäten, die außerhalb der drei genannten Völkerschaften stehen.

---

[1]) Martens-Triepel, Nouveau Recueil général, 3. série, tome XIII, p. 521 ss.

[2]) Die Verfassung des Königreichs der Serben, Kroaten und Slovenen. Deutsche Übersetzung, Osijek (o. J.).

III. Unmittelbar vor dem Weltkriege, am 14. Juni 1914, hatte Serbien ein Konkordat mit dem Apostolischen Stuhle abgeschlossen, das naturgemäß nur für Alt-Serbien gilt [1]). Seit April 1925 sind Verhandlungen über ein neues Konkordat im Gange, die zu einem endgültigen Resultat zu führen scheinen. Amtlich wurde bisher über den Stand der Angelegenheit nichts verlautbart.

4. Albanien.

I. Für die Republik Albanien besteht kein Minderheitenschutzvertrag. Als Ersatz dafür hat Albanien auf Anraten der Alliierten vor seinem Eintritt in den Völkerbund am 2. Oktober 1921 in der Völkerbundsversammlung zu Genf eine Erklärung abgegeben, in der es alle Bestimmungen des Minderheitenschutzvertrages, wie sie oben im Abschnitt über Rumänien angeführt und erklärt worden sind, einzeln im vollen Wortlaut wiederholt und für sich als bindend bezeichnet hat [2]). Infolgedessen stehen die Gewissens- und Kultfreiheit sowie die paritätische Behandlung der verschiedenen Konfessionen unter dem Schutz des Völkerbundes.

II. Die Verfassungsurkunde Albaniens vom 7. März 1925 enthält nur einige kurze Sätze über die Religion. Artikel 5 lautet: „Die albanische Republik hat keine Staatsreligion. Alle Religionen und Glaubensbekenntnisse werden geachtet; die ungestörte Religionsübung wird gesichert. Die Religion darf keinen Einfluß auf den Genuß der bürgerlichen Rechte haben. Die Religionen und Glaubensbekenntnisse dürfen in keiner Weise zu politischem Zwecke mißbraucht werden [3])."

Die vor der Völkerbundsversammlung abgegebene Erklärung Albaniens geht inhaltlich bedeutend weiter als die Verfassung. Ferner sind die Rechte in der erwähnten Erklärung viel schärfer und klarer ausgeprägt. Die Verfassung unterscheidet z. B. nicht zwischen privater und öffentlicher Religionsübung, zwischen den Rechten der Einwohner und denen der Staatsbürger.

5. Griechenland.

Die völkischen, sprachlichen und religiösen Interessen der Minderheiten in Griechenland sind durch den Minderheiten-

[1]) Raccolta di Concordati su materie ecclesiastiche tra la S. Sede e le Autorità civili, Roma 1919, p. 1100 ss.

[2]) Société des Nations. Recueil des Traités. Vol IX. (1922), p. 174 ss.

[3]) Deutsche Übersetzung im: Jahrbuch des öffentlichen Rechts, Tübingen, Bd. XIV (1926), S. 487 ff.

schutzvertrag, der von den alliierten Hauptmächten und Griechenland am 10. August 1920 zu Sèvres unterzeichnet wurde, gesichert worden [1]). Die oben angeführten Artikel des rumänischen Vertrags wiederholen sich in ihm wörtlich. Die Artikel 1, 2, 7, 8, 9 und 16 des griechischen Vertrags sind gleich den Artikeln 1, 2, 8, 9, 10 und 12 des rumänischen. Nur ist dem Artikel 9 des griechischen Vertrags (= Art. 10 des rumänischen) der Zusatz angefügt worden: „Die Bestimmungen dieses Artikels sollen nur auf die Gebiete, die seit dem 1. Januar 1913 an Griechenland gefallen sind, Anwendung finden."

6. Rußland.

Von den geltenden Verträgen mit Rußland enthalten zwei, nämlich der polnisch-russische Friedensvertrag vom 18. Mai 1921 und der deutsch-russische Handelsvertrag vom 12. Oktober 1925, Bestimmungen betreffend die Religion.

I. Verhältnismäßig weitläufig wird die religionspolitische Materie im polnisch-russischen Vertrag behandelt, dessen Artikel 7 folgenden Wortlaut trägt [2]):

„1. Rußland und die Ukraine gewähren den Personen polnischer Nationalität, die sich im Gebiete Rußlands, der Ukraine und Weißrutheniens aufhalten, entsprechend den Grundsätzen von der Gleichheit der Völker, alle Rechte, die ihre freie intellektuelle Entwicklung, die Entwicklung ihrer Sprache und die Ausübung ihres Kultus garantieren. Umgekehrt verpflichtet sich Polen, dieselben Rechte allen Personen russischer, ukrainischer und weißruthenischer Nationalität, die sich in Polen aufhalten, zu gewähren.

Die Personen polnischer Nationalität, die sich in Rußland, der Ukraine und Weißruthenien befinden, haben innerhalb der Grenzen der inneren Gesetzgebung dieser Länder das Recht, ihre Muttersprache zu pflegen, ihr eigenes Schulwesen zu organisieren und zu schützen, ihre intellektuelle Bewegung zu entwickeln sowie zu diesem Zwecke Vereinigungen und Gesellschaften zu bilden; die Personen russischer, ukrainischer und weißruthenischer Nationalität, die sich in Polen befinden, genießen innerhalb der Grenzen der innerpolnischen Gesetzgebung dieselben Rechte.

2. Die beiden vertragschließenden Teile verpflichten sich gegenseitig, sich weder direkt noch indirekt in die Fragen der kirchlichen Organisation und Wirksamkeit, sowie der religiösen Ver-

---

[1]) Société des Nations. Recueil des Traités. Vol. XXVIII (1924) Nr. 711, p. 244 ss. Die acht Verträge von Sèvres, Berlin 1921, S. 167 ff.

[2]) Strupp, Karl, Documents pour servir à l'histoire du droit des gens, 2. édition, Berlin 1923, tome V., p. 213 ss.

einigungen, die sich im Gebiete des anderen Teiles befinden, einzumischen.

3. Die Kirchen und Religionsgemeinschaften, an denen die Personen polnischer Nationalität in Rußland, der Ukraine und Weißruthenien teilnehmen, haben das Recht, innerhalb der Grenzen der inneren Gesetzgebung dieser Länder ihr inneres Eigenleben in unabhängiger Weise zu organisieren.

Die oben genannten Kirchen und Religionsgemeinschaften genießen innerhalb der Grenzen der Landesgesetzgebung das Recht, bewegliches und unbewegliches Gut, dessen sie zur Ausübung ihres Kultus sowie zum Unterhalt des Klerus und der kirchlichen Einrichtungen bedürfen, zu gebrauchen und zu erwerben.

Entsprechend dem gleichen Grundsatz, haben sie das Recht, ihre Kirchen sowie Einrichtungen, die zur Ausübung ihres Kultus erforderlich sind, zu gebrauchen. Die Personen russischer, ukrainischer und weißruthenischer Nationalität besitzen dieselben Rechte in Polen."

Bemerkenswert ist in dem vorstehenden Artikel zunächst der Personenkreis, zu dessen Gunsten die Vereinbarung getroffen wird. Sie befaßt sich mit der Sicherstellung von Rechten der Polen in Rußland einerseits und der Russen, Ukrainer sowie Weißruthenen in Polen andererseits. Unter den Begriff „Personen polnischer Nationalität" fallen alle Personen, die sich zum polnischen Volkstum bekennen, ohne Rücksicht darauf, ob sie das russische oder polnische oder ein anderes Staatsbürgerrecht besitzen. Dasselbe gilt analog von dem Begriff „Personen russischer, ukrainischer und weißruthenischer Nationalität". Die Vereinbarung umfaßt also die polnische Minderheit Rußlands, einschließlich der Polen, die als Ausländer in Rußland wohnen. Ebenso von der anderen Seite die russische, ukrainische und weißruthenische Minderheit Polens zusammen mit den russischen Staatsangehörigen, die sich in der Republik Polen aufhalten. Es leuchtet ein, daß diese Bestimmungen eine Parallele bilden zu den entsprechenden Artikeln der Minderheitenschutzverträge. Doch waltet zwischen ihnen in formaler Beziehung ein großer Unterschied ob. Die Bestimmungen der letztgenannten Verträge sind einseitig zu Lasten des einen Kontrahenten, während die Vereinbarungen im polnisch-russischen Friedensvertrag für beide vertragschließende Teile die gleichen Rechte und Verpflichtungen festsetzen.

Die Aufteilung des Gegenstandes der im zitierten Artikel getroffenen Vereinbarungen ergibt folgende Einzelrechte:

1. Die Kultfreiheit. Sie wird aus der These von der Gleichheit aller Völker abgeleitet und in Zusammenhang gebracht mit dem Rechte auf die allgemein kulturelle Entwicklung. Man glaubt in der Textgestaltung einen leisen Ton aus der bolschewistischen Ideenwelt durchklingen zu hören. Die Kultfreiheit erstreckt sich auf alle Religionen. Sie wird in absoluter Form zugestanden. Die Unterscheidung zwischen privater und öffentlicher Kultfreiheit findet keine Erwähnung. Daraus ergibt sich in der praktischen Ausführung, daß die Religionsübung in dem Maße öffentlich sein kann, wie die Landesgesetze es zulassen. Die Möglichkeit einer starken Einschränkung der Kultfreiheit ist damit offen gelassen.

2. Das Recht, die Muttersprache zu pflegen und eigene Schulen zu errichten. Beides ist für die Religion von großer Bedeutung. Die Feier des Gottesdienstes (Predigt, Gebete, Volksandachten, Kirchenlieder) und der Religionsunterricht in der Muttersprache werden garantiert. Wenn man bedenkt, welch ungeheueren Schwierigkeiten mancherorts z. B. in Südtirol die Pflege der Muttersprache begegnet, so wird man die im polnisch-russischen Friedensvertrag ausgesprochene grundsätzliche Genehmigung zu schätzen wissen. Allerdings wird hinzugefügt, das Recht gelte im Einklang mit den Landesgesetzen. Was den Gebrauch der Muttersprache bei den Fremdvölkern Rußlands angeht, so bekundet die sowjetische Gesetzgebung eine sehr liberale Gesinnung. Dagegen ist das Schulwesen auf ein starres, autokratisches Programm eingestellt. Privatschulen sind unzulässig, und der Religionsunterricht ist in allen Schulen, die eine Allgemeinbildung vermitteln, in jeder Form ausgeschlossen.

3. Das Recht, kulturelle Vereinigungen zu bilden. Hinzugefügt ist die Klausel: „im Einklang mit den Landesgesetzen". Über die Freiheit der kirchlichen Organisation wird nichts vereinbart. Sie empfängt durch den Vertrag keine Stütze. Im Gegenteil. Der 2. Absatz des Artikels stellt ausdrücklich fest, daß sich die vertragschließenden Teile in keiner Weise in die kirchliche Organisation, die im Gebiete des anderen Teiles besteht, einmischen werden. Damit wird zum Ausdruck gebracht, daß Sowjetrußland über diese Angelegenheit selbständig verfügen will, selbst dann, wenn es sich um Personen polnischer Nationalität handelt. Natürlich wahrt sich Polen seinerseits dasselbe Recht.

4. Das Recht, das innere Eigenleben zu organisieren. Der Sinn dieser Bestimmung ist dem Außenstehenden ziemlich dunkel. Vielleicht hat man dabei an die freie Entwicklung der nationalen Eigenart, wie sie sich innerhalb des

Volkstums vollzieht, zu denken. Eingeschränkt wird dieses Recht durch die Klausel: „im Einklang mit den Landesgesetzen". Über die praktische Bedeutung dieser Klausel auf dem Gebiete der staatskirchlichen Gesetzgebung Sowjetrußlands muß nachher zur Ergänzung des Ganzen einiges ausgeführt werden.

5. Das Recht der Religionsgemeinschaften, ihre Kirchen und sonstigen Einrichtungen zu benutzen, sowie bewegliches und unbewegliches Gut zu erwerben. Auch hier findet sich die Einschränkung: „im Einklang mit den Landesgesetzen". Es wird sich zeigen, daß die sowjetischen Gesetze diese Freiheit fast völlig aushöhlen.

II. Der deutsch-russische Vertrag[1]) garantiert im 9. Artikel den Staatsangehörigen des einen Teiles im Gebiete des anderen Teiles Gewissens- und Religionsfreiheit. Außerdem sind darin die Fragen des Niederlassungsrechts und des allgemeinen Rechtsschutzes für die Deutschen in Sowjetrußland in durchaus befriedigender Weise gelöst. Im Unterschied vom polnisch-russischen Vertrag bezieht sich der deutsche Vertrag nicht unmittelbar auf die deutsche Minderheit in Rußland. Die Bestimmungen dienen deutscherseits direkt und unmittelbar nur den deutschen Reichsangehörigen, die sich dauernd oder vorübergehend in Sowjetrußland aufhalten, während die Mitglieder der deutschen Minderheit als Bürger des russischen Staates nur teilnehmen an den Rechten, die die russische Regiernng für ihre Staatsangehörigen in Deutschland erwirkt hat. Dies gilt im besonderen für das Recht der freien Religionsübung. Mittelbar kann die den deutschen Staatsangehörigen in Rußland gewährte Religionsfreiheit auch den am Ort befindlichen Mitgliedern der deutschen Minderheit zugute kommen. Wenn sich deutsche Reichsangehörige mit Berufung auf den deutsch-russischen Vertrag in irgendeiner Stadt z. B. in Saratow, der Hauptstadt im Gebiete der Wolgadeutschen, ein Haus als Kirche einrichten, so werden mehr oder weniger auch die übrigen dort wohnenden Deutschen ohne Rücksicht auf ihre Staatsangehörigkeit dadurch berührt.

Artikel 9 des Vertrags lautet:

„Die Angehörigen jedes vertragschließenden Teils genießen in dem Gebiete des anderen Teils Gewissensfreiheit und Freiheit in der Religionsausübung, vorausgesetzt, daß ihre Lehren und Gebräuche den Gesetzen nicht zuwider sind.

[1]) Reichsgesetzblatt, Teil II, Berlin, Jahrgang 1926, S. 2 ff.

Sie dürfen in Kirchen, Häusern oder anderen Gebäuden, deren Ermietung nach den Landesgesetzen zu erfolgen hat, Gottesdienst sowohl in ihrer Landessprache als auch in einer anderen nach ihren religiösen Gebräuchen üblichen Sprache abhalten und ihre Toten nach ihren religiösen Gebräuchen auf von ihnen mit Genehmigung der zuständigen Behörde eingerichteten und unterhaltenen Begräbnisplätzen bestatten, wenn sie die bau- und gesundheitspolizeilichen Vorschriften des anderen Teils beachten."

Die Zergliederung des Textes läßt folgende Einzelrechte in Erscheinung treten:

1. Das Recht auf Gewissens- und Religionsfreiheit. Über seinen Inhalt näheres zu sagen, erscheint überflüssig. Dagegen dürfte es angebracht sein, auf die beigefügte Klausel eigens aufmerksam zu machen. Sie lautet: „vorausgesetzt, daß ihre Lehren und Gebräuche den Gesetzen nicht zuwider sind." Wenn damit nur zum Ausdruck gebracht wird, daß die Religionsfreiheit die Gesetze über die Wahrung der öffentlichen Ordnung und der guten Sitten nicht verletzen darf, so erübrigt es sich, weiter darüber zu reden. Aber der objektive Sinn der Worte schließt mehr ein. Er bietet die Möglichkeit, der freien Betätigung einer Kirche Fesseln anzulegen. Es soll nicht behauptet werden, daß dies in der Absicht der vertragschließenden Teile lag, was jedoch nicht hindert, daß der tatsächlich gegebene Text den Keim zu Komplikationen in sich birgt. Selbst bei der allergrößten Weitherzigkeit in der Beurteilung des bolschewistischen Lehrsystems wird doch niemand, auch kein Bolschewist, leugnen können, daß eine Anzahl seiner Aufstellungen mit den Lehren und Gebräuchen der christlichen Kirche unvereinbar ist. Es sei nur beispielsweise die Auffassung vom Eigentum und von der Ehe genannt. Sofern sich diese Differenzpunkte in der sowjetischen Gesetzgebung auskristallisieren, ist der Gegensatz zwischen kirchlicher Lehre und Gesetz in objektiver Permanenz gegeben. Bei etwa mangelndem Wohlwollen staatlicherseits läßt sich daraus unschwer ein aktueller Konfliktsfall konstruieren.

2. Das Recht, Gebäulichkeiten zu gottesdienstlichen Zwecken zu mieten. Von einem Eigentumsrecht an den Kirchen und Kapellen ist keine Rede. Der Grund liegt in der sowjetischen Gesetzgebung, die nur eine mietsweise Benutzung der Kirche zuläßt. Daß die Ermietung nach den Landesgesetzen zu geschehen hat, entspricht den allgemeinen Gewohnheiten. Für Sowjetrußland ergibt sich daraus, daß nicht die Kirchengemeinde als juristische Person oder der Geistliche, sondern nur andere

Privatpersonen einen gottesdienstlichen Raum mieten können. Die in Frage kommenden Gesetze vergleiche weiter unten.

3. Das Recht, beim Gottesdienst die Muttersprache oder eine andere liturgische Sprache zu verwenden. Es steht den deutschen Staatsangehörigen in ganz Rußland frei, sich einen deutschen Gottesdienst einzurichten. Für die Katholiken kommt noch hinzu, daß sie sich bei ihren kirchlichen Funktionen der lateinischen Sprache bedienen können. In diesen Punkten werden die russischen Behörden voraussichtlich niemals Schwierigkeiten erheben.

4. Das Recht, eigene Friedhöfe zu besitzen und das Begräbnis nach eigenem religiösem Ritus zu vollziehen. Die ausschließliche Erwähnung des Begräbnisses läßt es nicht zu, daß die vereinbarten Rechte ohne weiteres für die Feuerbestattung in Anspruch genommen werden.

III. Weil sowohl im polnisch-russischen als auch im deutsch-russischen Vertrag des öfteren die Klausel angetroffen wird, daß die zugestandenen Rechte „im Einklang mit den Landesgesetzen" auszuüben seien, ist ein Blick in die staatskirchliche Gesetzgebung Sowjetrußlands geboten. Wir beschränken uns auf die Hauptgesetze.

Im Artikel 13 des Verfassungsgesetzes vom 5. Juli 1918 läßt die Zentralregierung Sowjetrußlands folgendes verkündigen[1]: „Um der werktätigen Bevölkerung eine wirkliche Gewissensfreiheit zu sichern, wird die Kirche vom Staate und die Schule von der Kirche getrennt und das Recht der religiösen und antireligiösen Propaganda allen Bürgern zuerkannt." Die Form dieser Bestimmung ist so charakteristisch, daß sie nur bei einer bolschewistischen Regierung möglich ist. Gewissensfreiheit und Trennung von Staat und Kirche sind sehr gewöhnliche Dinge in der Geschichte der staatskirchlichen Gesetzgebung, aber die bolschewistische Einkleidung dieser Grundsätze stellt ein absolutes Novum dar. Das gilt im besonderen von der ausdrücklichen Anerkennung der religiösen und antireligiösen Propaganda. Wo ist jemals in einem Staatsgrundgesetz die Gewissensfreiheit mit ausdrücklichen Worten auf den Kampf gegen die Religion ausgedehnt worden? Gedacht und bezweckt hat es sicherlich schon mancher Gesetzgeber, aber die antireligiösen Absichten wurden unter allgemeinen, freiheitlich klingenden Redensarten verborgen. Die sowjetische Ver-

---

[1]) Die Verfassung (das Grundgesetz) der Russischen Sozialistischen Föderativen Sowjetrepubliken. Kleine Bibliothek der Russischen Korrespondenz Nr. 22, Berlin 1926.

fassung nimmt den Begriff der Gewissensfreiheit nicht, wie es gewöhnlich geschieht, in rein negativem Sinne, sie faßt ihn vielmehr aktivistisch und propagandistisch auf, führt ihn so mit fast unheimlicher Logik bis an die äußerste Grenze durch und zieht mit einer rücksichtslosen Offenheit ohnegleichen die praktischen Konsequenzen daraus. Dabei wird die Religion losgelöst von allen subjektiven Empfindungen und als bloße Sache behandelt, bei der man für oder wider streiten kann ganz nach Herzenslust. Eine Rücksichtnahme auf religiöse Gefühle in der Öffentlichkeit gibt es in der sowjetischen Gesetzgebung ebensowenig wie eine Berücksichtigung der politischen oder künstlerischen Gefühle. Daß mit der ausdrücklichen Hervorhebung des Rechts auf die Bekämpfung einer jeden Religion eine ostentative Geste nach der Seite der religionverneinenden Partei gemeint ist, wird niemand bestreiten wollen. Aber wohlverstanden, nur die Religion, ihre Lehre und Einrichtungen, nicht aber die Vertreter und Anhänger derselben in ihren persönlichen Eigenschaften, sind als Kampfobjekt freigegeben.

Der zitierte Artikel 13 beschränkt sich auf die Staatsangehörigen Sowjetrußlands. Den Ausländern gibt er keine Rechte. Sofern sich die letzteren nicht durch völkerrechtliche Verträge der Religionsfreiheit in Rußland erfreuen, entbehren sie für die Ausübung des Kultus jeder gesetzmäßigen Grundlage. Ihnen gegenüber bewahren sich die Sowjets vollkommen freie Hand. Es ist anzunehmen, daß die sowjetische Zentralregierung wohlüberlegt diese Einschränkung vorgenommen hat, um den religiösen Einfluß von auswärts möglichst zu unterbinden. Daß die Verfassungsgesetze der Kulturstaaten seit dem Westfälischen Frieden (1648) in der Gewährung der Religionsfreiheit zwischen Bürgern und Fremden keinen Unterschied machen, und die Methode Sowjetrußlands einen atavistischen Rückfall bedeutet, der gegenwärtig nur noch in China eine Parallele findet, sei bloß nebenher bemerkt.

Das Trennungsdekret vom 23. Januar 1918 stellt u. a. folgende Bestimmungen auf [1]). In öffentlichen und privaten Schulen mit allgemeinbildenden Fächern darf kein Religionsunterricht erteilt werden (Art. 9). Keine Religionsgemeinschaft hat ein Recht auf Eigentum; ferner kann sie unter keinen Umständen als juristische Person gelten (Art. 12). Alles bisherige Kircheneigentum geht auf die örtlichen Sowjets über, von denen es für die Kirchengemeinde ermietet werden kann (Art. 13). Diese Vermietung geht nur vonstatten, nachdem die Vertreter der Kirchengemeinde einen sehr weitläufigen

---

[1]) Giacometti, Zaccaria, Quellen zur Geschichte der Trennung von Staat und Kirche, Tübingen 1926, S. 424 f.

Kontrakt mit den Sowjets unterzeichnet haben, der einerseits der Kirchengemeinde schwere Lasten auferlegt und andererseits sie in ständiger Abhängigkeit von den lokalen Sowjets hält, denen nie ein Geistlicher als Mitglied angehören kann.

Das Strafgesetzbuch der Sowjetrepubliken, das im Jahre 1921 veröffentlicht wurde, verfügt ganz empfindliche Strafen über diejenigen, die sich ein größeres Maß religiöser Freiheit erlauben, als ihnen das Gesetz zuerkennt. Dagegen findet bezeichnenderweise die Verletzung der Religionsfreiheit nur eine sehr verklausulierte Ahndung. Die Erteilung von Religionsunterricht an Kinder und Jugendliche unter 18 Jahren in staatlichen oder privaten Lehranstalten oder Schulen — als solche gilt jede Ansammlung von Kindern zwecks Unterrichts — wird mit Zwangsarbeit bis zu einem Jahre bestraft (§ 121). Kirchliche Organisationen, die sich die Rechte einer juristischen Person beilegen, verfallen der Zwangsarbeit bis zu 6 Monaten, bei gleichzeitiger Auflösung und Konfiskation ihres Vermögens (§ 123). Wer in staatlichen Anstalten religiöse Handlungen vornimmt oder in ihnen bildliche Darstellungen religiösen Charakters anbringt, wird zur Zwangsarbeit bis zu 3 Monaten oder zur Zahlung einer Geldstrafe bis zu 300 Goldrubeln verurteilt (§ 124) [1].

Diese kleine Blütenlese aus dem üppig wuchernden Garten der staatskirchlichen Gesetzgebung der Bolschewisten zeigt uns, daß die religiöse Freiheit, die in Rußland „gemäß den Landesgesetzen" nach der positiven Seite hin gewährt wird, äußerst eng bemessen ist [2]. Manche Zugeständnisse im polnisch-russischen Vertrag von Riga zugunsten der Polen in Rußland sind vollkommen illusorisch. Als sich der Erzbischof Cieplak von Petersburg († 17. Februar 1926) und vierzehn Geistliche, die 1923 wegen Ablehnung der kirchenfeindlichen Gesetze der Bolschewisten eingekerkert und verurteilt wurden, auf die vom Verfassungsgesetz gewährte Religionsfreiheit sowie auf den Rigaer Vertrag beriefen, fanden sie bei den bolschewistischen Richtern taube Ohren. Der Erzbischof und sein Generalvikar mußten das Todesurteil vernehmen, und die übrigen eine Gefängnisstrafe von insgesamt 74 Jahren über sich ergehen lassen. Der Erzbischof wurde begnadigt, sein Generalvikar hingerichtet [3].

---

[1]) Giacometti, S. 425 ff.

[2]) Näheres bei Grentrup, Nationale Minderheiten und katholische Kirche, Breslau 1927, S. 116 ff. Timaschew N., Staat und Kirche, in: Das Recht Sowjetrußlands, Tübingen 1925, S. 140 ff.

[3]) Den Prozeß behandelt sehr ausführlich Captain Francis McCullagh, Die Verfolgung des Christentums durch die Bolschewiki, ins Deutsche übertragen von Dr. H. Kasspohl, Paderborn 1926.

7. Finnland.

Am 6. Dezember 1917 proklamierte Finnland seine staatliche Unabhängigkeit. Mit Rücksicht auf die politische Umwälzung löste der Apostolische Stuhl durch Dekret vom 8. Juni 1920 das Gebiet der neuen Republik von der Erzdiözese Mohilew in Rußland los und errichtete es als eigenes Apostolisches Vikariat. Es untersteht der Oberleitung der Propagandakongregation. Die amtliche Statistik des Jahres 1920 zählte nur 404 Katholiken unter rund 3 400 000 Einwohnern.

I. Ein formeller völkerrechtlicher Vertrag zum Schutze der völkischen, sprachlichen und religiösen Minderheit liegt für Finnland nicht vor. Seine Regierung wurde durch die Entschließung des Völkerbundrates vom 27. Juni 1921 verpflichtet, die freie Entwicklung der schwedischen Minderheit auf den Alandinseln zu garantieren. Ferner hat sich die finnländische Regierung in ihrem Memorandum an den Völkerbundrat, das am 2. Oktober 1921 von diesem genehmigt wurde, die in den Minderheitenschutzverträgen niedergelegten Grundsätze zu eigen gemacht.

II. Das Verfassungsgesetz Finnlands vom 17. Juli 1919 gewährt im § 8 den finnischen Staatsbürgern das Recht der privaten und öffentlichen Religionsübung. § 9 erklärt die Rechte und Pflichten der Bürger von ihrer Religionszugehörigkeit unabhängig. Doch macht er hinsichtlich der Erlangung von öffentlichen Ämtern Einschränkungen [1]).

III. Durch die oben genannte Erklärung Finnlands vor dem Völkerbund waren die Rechtsbeschränkungen aus § 9 der Verfassung hinfällig geworden. Das Gesetz über die Kultfreiheit vom 10. November 1922 brachte die freiheitlichen Gedanken auf der ganzen Linie zur Anwendung. Jede Religion, die dem Gesetz und den guten Sitten nicht widerstreitet, kann privat und öffentlich ausgeübt werden. Als ohne weiteres anerkannte Religionsgemeinschaften gelten die evangelisch-lutherische und die orthodoxe Kirche, die übrigen bedürfen für ihren öffentlichen Kult einer besonderen staatlichen Anerkennung. Die öffentlichen Kulthandlungen einer nicht anerkannten Religionsgemeinschaft unterliegen den allgemeinen Vorschriften für öffentliche Versammlungen. Jeder finnländische Staatsbürger hat ohne Rücksicht auf sein Religionsbekenntnis zu allen Staatsämtern Zutritt [2]).

---

[1]) Deutsche Übersetzung in: Jahrbuch des öffentlichen Rechts, Tübingen, Band XII (1923/24), S. 207 ff.

[2]) La Législation Finlandaise sur les Minorités nationales et confessionnelles, Helsingfors 1923, S. 18 f.

II. Asien.

A. Nahe Orient.

1. Türkei.

I. Die alten Kapitulationen, die Jahrhunderte hindurch u. a. das völkerrechtliche Fundament für den diplomatischen Schutz bildeten, die die christlichen Staaten Europas, vor allem Frankreich und Österreich, den Christen des Ottomanischen Reiches angedeihen ließen, sind vollkommen außer Kraft gesetzt worden. Die Türkei benützte kurz nach Ausbruch des Weltkrieges die günstige Gelegenheit, um sich von den verhaßten Fesseln der Kapitulationen zu befreien. Am 9. September 1914 erklärte sie, daß sie die Verpflichtungen aus den alten Verträgen nicht mehr anerkenne [1]). Der Versuch der Alliierten, im Friedensvertrag zu Sèvres vom 10. August 1920 dem türkischen Einspruch zum Trotz das Rechtssystem der Kapitulationen wieder aufzurichten (Art. 149 und 261) [2]), scheiterte an dem bewaffneten Widerstand der Türkei, den Mustafa Kemal Pascha erfolgreich organisierte. Am 24. Juli 1923 wurde zu Lausanne ein für die Türkei günstigerer Friede geschlossen, der die Kapitulationen nicht mehr erwähnt.

II. Wenngleich die Kapitulationen gefallen sind, so entbehren doch die christlichen Kirchen in der Türkei gegenwärtig durchaus nicht des völkerrechtlichen Schutzes. Der eben erwähnte Friede von Lausanne hat für die Rechtsstellung der christlichen Gemeinschaften im türkischen Reiche ein breites Fundament geschaffen, das einen Ersatz für den Religionsschutz der Vorkriegszeit bietet.

Die in Betracht kommenden Bestimmungen sind die folgenden: [3])

Artikel 37.

„Die Türkei verpflichtet sich, daß die in den Artikeln 38—44 enthaltenen Bestimmungen als Grundgesetze anerkannt werden;

---

[1]) Strupp, Karl, Ausgewählte diplomatische Aktenstücke zur orientalischen Frage, Gotha 1916, S. 312 ff.

[2]) Die acht Verträge von Sèvres. Amtlicher französischer Wortlaut. Im Auftrage des Deutschen Auswärtigen Amtes. Berlin 1921.

[3]) Martens-Triepel, Nouveau Recueil général de traités, 3^{ième}série, tome XIII, p. 342 ss. Société des Nations. Recueil des Traités. Vol. XXVIII (1924), Nr. 701, p. 12 ss.

ferner daß kein Gesetz, keine Verordnung und keine amtliche Handlung in Gegensatz oder Widerspruch zu diesen Bestimmungen treten, und daß kein Gesetz, keine Verordnung und keine amtliche Handlung ihnen gegenüber den Vorzug haben darf.

Artikel 38.

Die türkische Regierung verpflichtet sich, allen Einwohnern der Türkei ohne Unterschied der Geburt, der Nationalität, der Sprache, der Rasse oder der Religion vollen und vollkommenen Schutz für ihr Leben und ihre Freiheit zu gewähren.

Alle Einwohner der Türkei sollen das Recht haben auf die freie, sowohl öffentliche wie private, Ausübung jeden Bekenntnisses, jeder Religion oder jeden Glaubens, deren Betätigung der öffentlichen Ordnung und den guten Sitten nicht widerstreitet.

Nicht-moslemische Minderheiten erfreuen sich vollkommener Freiheit, zu reisen und auszuwandern, unter Beobachtung der für alle türkischen Staatsangehörigen im Gesamtgebiet oder in einzelnen Teilen geltenden Maßnahmen, sowie jener Maßnahmen, die von der türkischen Regierung im Interesse der Landesverteidigung oder der Aufrechterhaltung der öffentlichen Ordnung getroffen werden.

Artikel 39.

Die zu nicht-moslemischen Minderheiten gehörenden türkischen Staatsbürger genießen dieselben bürgerlichen und politischen Rechte wie die Moslems.

Alle Einwohner der Türkei, ohne Unterschied der Religion, sind vor dem Gesetze gleich.

Der Unterschied der Religion, des Glaubens oder Bekenntnisses darf keinem türkischen Staatsangehörigen hinderlich sein im Hinblick auf den Genuß der bürgerlichen und politischen Rechte, insbesondere auf die Zulassung zu öffentlichen Ämtern, Dienststellen und Ehren oder auf die Ausübung der verschiedenen Berufe und Gewerbe.

Es soll keine Bestimmung erlassen werden, die die türkischen Staatsangehörigen im freien Gebrauch irgendeiner Sprache beschränkt, weder in ihren privaten oder geschäftlichen Beziehungen, noch in Angelegenheiten der Religion, der Presse oder Veröffentlichungen jeder Art, noch auch in öffentlichen Versammlungen.

Unbeschadet der Einführung einer Amtssprache sollen den türkischen Staatsangehörigen mit einer nicht-türkischen Sprache entsprechende Erleichterungen für den mündlichen Gebrauch ihrer Sprache vor den Gerichten gewährt werden.

Artikel 40.

Die zu nicht-moslemischen Minderheiten gehörenden türkischen Staatsbürger erfreuen sich der gleichen Behandlung und der gleichen gesetzlichen und tatsächlichen Garantien wie die übrigen türkischen Staatsangehörigen. Sie haben insbesondere das gleiche Recht, auf ihre Kosten charitative, religiöse oder soziale Einrichtungen, Schulen und andere Erziehungsanstalten zu gründen, zu leiten und zu beaufsichtigen mit dem Recht, in ihnen ihre eigene Sprache frei zu gebrauchen und ihre Religion ungehindert zu betätigen.

Artikel 41.

In bezug auf das öffentliche Unterrichtswesen soll die türkische Regierung in den Städten und Bezirken, wo in beträchtlichem Verhältnis nicht-moslemische Staatsangehörige wohnen, angemessene Erleichterungen gewähren, daß in den Elementarschulen den Kindern dieser türkischen Staatsangehörigen der Unterricht in ihrer eigenen Sprache erteilt werde. Diese Bestimmung soll die türkische Regierung nicht hindern, in diesen Schulen den obligatorischen Unterricht der türkischen Sprache einzuführen.

In den Städten und Bezirken, wo ein beträchtlicher Teil der türkischen Staatsangehörigen den nicht-moslemischen Minderheiten angehört, soll diesen Minderheiten ein entsprechender Anteil an dem Genuß und der Verwendung der Summen sichergestellt werden, die in den öffentlichen Fonds der staatlichen, städtischen oder anderen Budgets für die Zwecke der Erziehung, der Religion und der Wohltätigkeit ausgesetzt werden.

Die betreffenden Summen sollen den berechtigten Vertretern der Anstalten und Einrichtungen ausbezahlt werden.

Artikel 42.

Die türkische Regierung verpflichtet sich, betreffs des Familienrechts und des Personenstandes der nicht-moslemischen Minderheiten Maßnahmen zu treffen, die die Erledigung dieser Fragen im Einklang mit den Gewohnheiten dieser Minderheiten gestatten.

Diese Maßnahmen werden ausgearbeitet von besonderen Kommissionen, die in gleicher Zahl von Vertretern der türkischen Regierung und von Vertretern jeder der in Frage kommenden Minderheit gebildet werden. Bei Meinungsverschiedenheit bestellen die türkische Regierung und der Völkerbundrat in Einhelligkeit einen Schiedsrichter, der aus der Reihe der europäischen Rechtsgelehrten gewählt wird.

Die türkische Regierung verpflichtet sich, den Kirchen, Synagogen, Friedhöfen und anderen religiösen Einrichtungen der obengenannten Minderheiten vollen Schutz angedeihen zu lassen. Jede Erleichterung und Genehmigung soll den frommen Stiftungen sowie den religiösen und charitativen Unternehmungen der gegenwärtig in der Türkei bestehenden Minderheiten gewährt werden, und die türkische Regierung wird bei der Bildung von neuen religiösen und charitativen Einrichtungen keine der notwendigen Erleichterungen verweigern, die anderen privaten Einrichtungen derselben Art gewährt werden.

Artikel 43.

Die zu nicht-moslemischen Minderheiten gehörenden türkischen Staatsangehörigen sollen nicht gezwungen werden, eine Handlung zu vollziehen, die eine Verletzung ihres Glaubens oder ihrer religiösen Gebräuche darstellt, und sie sollen wegen ihrer Weigerung, an ihrem wöchentlichen Ruhetag vor dem Gerichtshof zu erscheinen oder irgendeine gesetzliche Angelegenheit zu erledigen, keine Belästigung erfahren.

Diese Bestimmung soll aber die genannten türkischen Staatsangehörigen nicht von solchen Verpflichtungen befreien, die allen anderen türkischen Staatsangehörigen mit Rücksicht auf die Wahrung der öffentlichen Ordnung auferlegt werden.

Artikel 44.

Die Türkei ist damit einverstanden, daß, insoweit die vorstehenden Artikel dieses Abschnittes die nicht-moslemischen Staatsangehörigen der Türkei betreffen, diese Bestimmungen Verpflichtungen völkerrechtlicher Art beinhalten, und daß sie unter der Garantie des Völkerbundes stehen. Sie sollen nur mit Zustimmung des Völkerbundrates geändert werden. Das Britische Reich, Frankreich, Italien und Japan verpflichten sich hiermit, ihre Zustimmung zu jeder Änderung dieser Artikel, die in gehöriger Form von der Mehrheit des Völkerbundrates beschlossen worden ist, nicht zu verweigern.

Die Türkei ist damit einverstanden, daß jedes Mitglied des Völkerbundrates das Recht habe, dem Rate jede Übertretung oder die Gefahr einer Übertretung irgendeiner dieser Verpflichtungen zur Kenntnis zu bringen, und daß der Rat in einer Weise einschreitet und Anweisungen gibt, die den Umständen gemäß angemessen und wirksam sind.

Die Türkei ist ferner damit einverstanden, daß im Falle einer Meinungsverschiedenheit, die sich über die diese Artikel betreffenden Rechts- und Tatsachenfragen zwischen der türkischen Regierung und einer der anderen Signatarmächte oder einer anderen Macht, die Mitglied des Völkerbundrates ist, ergeben wird, diese Meinungsverschiedenheit als eine Streitfrage von internationalem Charakter nach den Bestimmungen des Artikels 14 der Völkerbundssatzung betrachtet werden soll. Die türkische Regierung erklärt hiermit ihr Einverständnis, daß jede Streitfrage dieser Art, wenn die Gegenpartei es verlangt, vor den Ständigen Schiedshof gebracht wird. Die Entscheidung des Ständigen Schiedshofes soll keiner Berufung unterliegen und dieselbe Rechtskraft und Geltung haben wie eine Entscheidung, die nach Artikel 13 der Völkerbundssatzung getroffen ist."

III. Wenn die vorstehenden Bestimmungen verglichen werden mit den entsprechenden Bestimmungen im Minderheitenschutzvertrag mit Rumänien und den übrigen Staaten, so ergibt sich ihre völlige Gleichheit. Nur sind die Forderungen im türkischen Vertrag durch zwei Artikel (42 und 43) verstärkt und verdeutlicht worden.

Artikel 42 schützt das christliche Familien- und Eherecht, sowie die kirchlichen Gebäude und Anlagen und begünstigt die religiösen und charitativen Unternehmungen. Ersteres schien dem mohammedanischen Eherecht gegenüber von besonderer Wichtigkeit. Das seit dem 4. Oktober 1926 geltende neue Zivilgesetzbuch der Türkei hat hinsichtlich des Eherechts alle Schwierigkeiten behoben. Das genannte Gesetzbuch bringt nämlich das Schweizer Zivilgesetzbuch als Ganzes mit einigen wenigen, unwesentlichen Abänderungen zur Anwendung. Seine Annahme durch die Große Nationalversammlung zu Angora erfolgte am 17. Februar 1926[1]). Im Anschluß daran erklärte die orthodoxe, armenische und jüdische Minderheit der Angoraregierung gegenüber, daß sie unter den obwaltenden Verhältnissen eine Sonderstellung ihres Ehe- und Familienrechts nicht mehr für notwendig halte, worauf der Justizminister antwortete, daß in diesem Punkte künftig alle Staatsangehörigen der Türkei, welcher Rasse und Religion sie auch seien, gleich behandelt würden. Die im Artikel 42 des vorstehenden Vertrags vorgesehene Kommission löste sich auf[2]).

---

[1]) Pritsch, Erich, Die Rezeption des Schweizer Zivilrechts in der Türkei, in: Auslandsrecht, Berlin 1926, Nr. 7/8.

[2]) Bulletin de l'Institut Intermédiaire International, Harlem-La Haye, XV. (1926), p. 427 s.

Bei sinngemäßer Anwendung der Bestimmungen des Lausanner Friedensvertrags kann das rein religiöse Wirken der christlichen Gemeinschaften aller Schattierungen auf dem streng kirchlichen Gebiete keinen behördlichen Schwierigkeiten begegnen.

Weniger befriedigend für die Christen ist die Regelung des Schulwesens. Artikel 40 und 41 gewähren allerdings in der Gründung und Führung der Schulen den Christen dieselben Rechte wie den Mohammedanern. Aber mit dieser Gleichstellung allein ist den christlichen Gemeinschaften nicht geholfen. Im Gegenteil liegt in der schematischen Übertragung der Einrichtungen der mohammedanischen Schulen auf die christlichen eine große Gefahr. Die beiden Schularten sind in ihren Zielen teilweise so verschieden, daß sie unmöglich von demselben Geiste regiert werden können. Wenn z. B. die türkischen Behörden die Entfernung der Kreuzbilder aus den Schulräumen der christlichen Kinder verlangen, so kann man sie mit dem Lausanner Vertrag kaum von ihrem Unrecht überzeugen, weil sie darauf erwidern werden, daß die mohammedanischen Kinder etwas Ähnliches auch nicht haben. Es ist augenscheinlich, daß in diesem Punkte das Modell des Minderheitenschutzvertrages, das für ein ganz christliches Land annehmbar ist, für die Türkei nicht paßt. Wo sich die Gesamtheit der Einwohner eines Reiches zum Christentum bekennt, ist für das Schulwesen ein mehr oder minder ausgeprägt christliches Kulturprogramm mit Notwendigkeit als gemeinsame Grundform gegeben, das die einzelnen Konfessionen nicht unschwer mit ihren Sonderauffassungen organisch verknüpfen. Wie ganz anders steht dem gegenüber ein Land mit einer dem Christentum wesensfremden und wesensfeindlichen Religion!

Die bedingten Konzessionen, die den christlichen Schulgründungen gemacht werden, gelten nur für die Staatsangehörigen der Türkei, nicht aber für die Ausländer. Nicht-naturalisierte Missionare haben an ihnen keinen Anteil. Das gesamte Schulwesen der christlichen Missionen, die sich aus europäischen und amerikanischen Missionaren zusammensetzen, entbehrt des völkerrechtlichen Schutzes.

IV. Aus diesem Grunde haben sich Großbritannien, Frankreich und Italien im Anschluß an den Niederlassungsvertrag von Lausanne, der am selben Tage mit dem Friedensvertrag unterzeichnet wurde, einige Garantien für die Schulen ihrer Staatsbürger in der Türkei geben lassen. Nach den gepflogenen Vorbesprechungen richtete der Vorsitzende der türkischen Delegation in Lausanne unter dem 24. Juli 1923 je ein Schreiben gleichen Inhalts an den britischen, französischen und italienischen Vertreter, worin er im Namen seiner Regierung erklärt, „daß sie den Bestand der religiösen Unternehmungen, der Schulen und Hospize sowie der anerkannten charitativen Einrichtungen, die vor dem 30. Oktober 1914 in Funktion waren und Staatsangehörigen des britischen (französischen, italienischen) Reiches angehören, gewährleistet." Die Angelegenheit der übrigen Anstalten ähnlichen Charakters, die bis zum Datum dieses Schreibens errichtet waren, solle wohlwollend geprüft werden. Sämtliche vorgenannte Unternehmungen und Anstalten, so heißt es in dem Schreiben weiter, seien der gewöhnlichen Besteuerung unterworfen (auf Grund der Kapitulationen waren sie ehedem steuerfrei) und den türkischen Gesetzen und Verordnungen unterstellt, doch werde die türkische Regierung auf die Eigenart dieser Einrichtungen Rücksicht nehmen [1]).

Die zögernde Zurückhaltung der türkischen Regierung in bezug auf die Schulen und sonstigen Einrichtungen der fremden Staatsangehörigen spricht sehr deutlich aus dem zitierten Dokument. Neugründungen für die Zukunft werden überhaupt nicht erwähnt. Hierüber befindet einzig die türkische Landesgesetzgebung.

2. Palästina.

I. Palästina wird gegenwärtig als Mandatsgebiet von England verwaltet. Die obersten Verwaltungsgrundsätze hat der Völkerbundrat im Statut vom 24. Juli 1922 festgelegt. Diese werden wesentlich von zwei Gesichtspunkten beherrscht. Erstens: Palästina soll als jüdischer Heimatstaat organisiert werden, wie die englische Regierung unter dem Druck der Kriegsverhältnisse durch ihre Note vom 2. November 1917 angekündigt hatte. Zweitens: Die Präponderanz des jüdischen Elements darf die bürgerlichen und im besonderen die religiösen Rechte der übrigen Einwohner Palästinas nicht beeinträchtigen [2]).

II. Die Vereinigten Staaten von Amerika haben durch den Vertrag mit Großbritannien vom 3. Dezember 1924 das Statut für Palästina indirekt anerkannt, indem sie sich seine Vorteile sicherten [3]).

---

[1]) Société des Nations. Recueil des Traités. Vol. XXXVI (1925), Nr. 919, p. 180 ss. Vgl. zu dem Ganzen Beaupin, Le Traité de Lausanne et les Missions, in: Revue d'histoire des Missions, Paris I. (1924), p. 39 ss.

[2]) Statut des Völkerbundrates für Palästina abgedruckt bei Albert Millot, Les Mandats internationaux. Etude sur l'application de l'article 22 du Pacte de la Société des Nations, Paris 1924, p. 189 ss. Ebendort die Statuten der übrigen Mandatsgebiete mit den dazugehörigen Dokumenten.

[3]) Treaty Series Nr. 54 (1925), London, Stationary Office.

III. Artikel 15 des Mandatsstatuts für Palästina fordert vollkommene Gewissens- und Kultfreiheit für jede Religionsform, die mit der öffentlichen Ordnung und Moral vereinbar ist. Eine verschiedene Behandlung der Einwohner Palästinas auf Grund ihrer Rasse, Religion oder Sprache ist untersagt. Niemand darf wegen seiner religiösen Überzeugung von Palästina ausgeschlossen werden. Jede Gemeinschaft besitzt das Recht, für ihre Mitglieder Schulen mit Unterricht in ihrer Muttersprache zu gründen. Artikel 16 beauftragt die Mandatsregierung mit der obersten Kontrolle über die religiösen und charitativen Einrichtungen, soweit die öffentliche Ordnung und eine gute Verwaltung es erfordern. „Unbeschadet dieser Kontrolle", so bestimmt Artikel 16 weiter, „kann man in Palästina keine Maßnahme ergreifen, die dem Wirken dieser Einrichtungen ein Hindernis in den Weg legt, oder die einen Eingriff in dieses Werk darstellt; ferner kann man bei den Vertretern oder Mitgliedern dieser Einrichtungen keinen Unterschied mit Rücksicht auf ihre Religion oder Nationalität machen."

Wenngleich das Eigentumsrecht der religiösen und charitativen Anstalten nicht ausdrücklich verbürgt wird, so ist es doch indirekt gegeben. Denn vor dem Kriege besaßen sie es, und wenn es ihnen von der Mandatsmacht entzogen würde, so läge darin ein Eingriff in ihr Werk und eine Behinderung ihrer Wirksamkeit, die vermieden werden sollen. Die Grundtendenz des Artikels 16 ist offenbar die Gewährung möglichst großer Bewegungsfreiheit für die religiösen und charitativen Unternehmungen aller Konfessionen. Daß auf den internationalen Charakter der Anstalten Rücksicht genommen wird, und selbst die früheren Kriegsgegner der Alliierten von Palästina nicht ausgeschlossen werden, entspricht den Beziehungen der Gesamtheit der christlichen Völker zum Heiligen Lande.

IV. Über die äußerst schwierige, und in den Augen der Christenheit sehr wichtige Angelegenheit des Besitzes und der Verwaltung der Heiligen Stätten wird durch das Statut im einzelnen nichts verfügt. Artikel 13 belastet die Mandatsmacht mit der vollen Verantwortung für die Heiligen Stätten und beauftragt sie, dafür Sorge zu tragen, daß die bestehenden Rechte gewahrt werden, der Zutritt zu ihnen frei sei, und der Gottesdienst ungehindert vollzogen werden könne. Zu diesem Zwecke ist der Mandatar befugt, zusammen mit den Verwaltungsorganen der Heiligen Stätten die notwendigen Anordnungen zu treffen, doch steht es nicht in seiner Macht, die unbeweglichen Güter anzutasten oder sich in die Verwaltung jener Heiligtümer einzumischen, die ausschließlich den Mohammedanern vorbehalten sind. Die Mandatsmacht ist über ihr

Vorgehen einzig dem Völkerbund Rechenschaft schuldig. Artikel 14 sieht die Errichtung einer Sonderkommission vor, die sich mit den laufenden Fragen der Heiligen Stätten befassen soll. In der dritten Vollversammlung des Völkerbunds (1922) erhielt er folgende Fassung:

„Die Mandatsmacht wird eine Sonderkommission ernennen, deren Aufgabe es ist, alle Rechte und Ansprüche, die die Heiligen Stätten sowie die verschiedenen Religionsgemeinschaften in Palästina betreffen, zu studieren, zu bestimmen und zu regeln. Die Art, wie die Mitglieder der Kommission zu ernennen sind, ihre Zusammensetzung und Arbeitsweise unterliegen der Genehmigung des Völkerbundrates; die Kommission wird vor dieser Genehmigung weder ernannt werden, noch tritt sie vorher in Tätigkeit."

Im Anschluß an die Bestätigung des vorstehenden Artikels gaben die Vertreter von Spanien, Frankreich, Italien und Belgien in der Völkerbundsversammlung die Erklärung ab, daß ihre Regierungen unbedingt in der Sonderkommission für die Heiligen Stätten Sitz und Stimme haben müßten [1]). Weil über die Zusammensetzung der Kommission keine Einigung zu erzielen war und im besonderen wegen der ablehnenden Haltung des Apostolischen Stuhles ist sie bis heute noch nicht zustande gekommen. Es wird stets eine sehr schwierige Aufgabe sein, zu bestimmen, wie die an den Heiligen Stätten interessierten Gruppen, nämlich das Christentum mit seinen verschiedenen Konfessionen (Katholizismus, Protestantismus, Orthodoxie), der Mohammedanismus und das Judentum in der Kommission vertreten sein sollen.

Die Lage des Christentums in Palästina ist durch das Arrangement des Völkerbundrates im Vergleich zu früher nicht verbessert worden. Das Verschwinden der mohammedanischen Regierung ist im Interesse der Heiligen Stätten zu begrüßen. Aber das Emporziehen des Judentums in die politisch führende Stellung, die ihm auf Grund seiner zahlenmäßigen Stärke in der Bevölkerung nicht gebührt, hat die Gesamtlage Palästinas in religiöser Beziehung neuen Verwicklungen ausgesetzt [2]). Daß die Erwartungen und Forderungen der katholischen Kirche im Heiligen Lande in der

[1]) Société des Nations, Actes de la III. Assemblée. Séances plenières. Vol. II. Genève 1922, p. 101.

[2]) Im Januar 1926 zählte das Mandatsgebiet Palästina rund 855 000 Einwohner, die sich der Religion nach wie folgt verteilten: 615 000 Mohamedaner, 135 000 Juden, 75 000 Christen und 10 000 Drusen. Unter den 75 000 Christen befinden sich 35 000 Katholiken, von denen 25 000 dem lateinischen und 10 000 dem orientalischen Ritus folgen.

Nachkriegszeit nicht erfüllt worden sind, hat der Apostolische Stuhl bei verschiedenen Gelegenheiten zum Ausdruck gebracht [1]).

Die verschiedenen Schwierigkeiten, die in der Sache selbst liegen, darf man gewiß nicht übersehen. Es wird kaum möglich sein, den Besitz und die Verwaltung der Heiligen Stätte so zu regeln, daß alle Parteien befriedigt sind. Das gilt im besonderen auch für jene Stätten, die mit Ausschluß der übrigen Religionen nur für das Christentum in Betracht kommen. Mehr als ein nach den Regeln der Parität gerechtes Kompromiß wird sich nicht erreichen lassen. Die zahlenmäßige Stärke der einzelnen christlichen Gruppen in Palästina kann bei der Zuteilung von Rechten nicht in erster Linie maßgebend sein. Denn die Heiligen Stätten gehören dem in der ganzen Welt zerstreuten Christentum, nicht bloß den palästinensischen Christen. Ebenso wenig werden die politischen Faktoren auf den dogmatischen Wahrheitsgehalt der christlichen Konfessionen Rücksicht nehmen. Die Entscheidung für die strittigen Fälle wird hauptsächlich getroffen werden müssen: 1. auf Grund der historischen Rechte; 2. in Würdigung der internationalen Größe und Bedeutung der verschiedenen christlichen Konfessionen.

3. Syrien und Libanon.

I. Als Mandatsmacht für Syrien und den Libanon waltet Frankreich, das von altersher Beziehungen zu diesen Gebieten unterhalten hat, seines Amtes. Die obersten Verwaltungsgrundsätze enthält das am 24. Juni 1922 vom Völkerbundrat genehmigte Statut. Darin wird der Religion im allgemeinen und der religiösen Mission im besonderen gedacht. Folgende Bestimmungen gehören zu unserem Thema [2]):

Artikel 8.

„Die Mandatsmacht soll für alle Einwohner die vollkommene Gewissensfreiheit und die freie Ausübung aller Kultformen, die mit der öffentlichen Ordnung und Moral vereinbar sind, sicherstellen.

---

[1]) Acta Apostolicae Sedis XIII (1921), p. 282 s., XIV (1922), p. 610 s., XV (1923), p. 429, XVI (1924), p. 213. Außerdem: Memorandum des Apostolischen Stuhles vom 4. Juni 1922 an den Völkerbundrat, worin die römische Kurie ihre Bedenken gegen das englische Programm der Errichtung eines jüdischen Nationalstaates in Palästina darlegt. Abgedruckt in: Oriente moderno, Roma, Jahrg. II vom 15. Juni 1922, S. 31 ff. Antwort der englischen Regierung ebend. II, Heft vom 15. Juli 1922, S. 105 f. Bedenken des Apostolischen Stuhles gegen die Einsetzung der vom Völkerbundrat beschlossenen Kommission für die Heiligen Stätten, in: L'Osservatore Romano, 6. Sept. 1922. Dazu Oriente moderno, vom 15. Sept. 1922, S. 227 f.

[2]) Millot, Albert, p. 183 ss.

Bei den Bewohnern Syriens und des Libanons soll auf Grund der Verschiedenheit der Rasse, Religion oder Sprache keine Unterscheidung gemacht werden.

Die Mandatsmacht soll den öffentlichen Unterricht fördern, der in den eingeborenen Sprachen, die im Gebiete Syriens und des Libanons gebräuchlich sind, zu erteilen ist.

Das Recht einer jeden Gemeinschaft, ihre eigenen Schulen für den Unterricht und die Erziehung ihrer Mitglieder in der Muttersprache zu unterhalten, im Einklang mit den von der Verwaltung aufgestellten Grundsätzen der Erziehung, soll nicht verneint noch auch beeinträchtigt werden.

Artikel 9.

Die Mandatsmacht soll sich von jeder Einmischung in die Führung der Güterverwaltung, der Verwaltung religiöser Gemeinschaften und der den verschiedenen Religionen gehörenden Reliquien fernhalten; ihre Immunität ist ausdrücklich garantiert.

Artikel 10.

Die von der Mandatsmacht ausgeübte Oberaufsicht über die religiösen Missionen in Syrien und dem Libanon wird sich auf die Aufrechterhaltung der öffentlichen Ordnung und guten Führung beschränken; die Wirksamkeit dieser religiösen Missionen soll in keiner Weise eingeengt werden, noch auch sollen ihre Mitglieder auf Grund ihrer Nationalität irgendwelchen beschränkenden Maßnahmen unterworfen werden, vorausgesetzt, daß sich ihre Tätigkeit innerhalb der religiösen Sphäre hält.

Die religiösen Missionen mögen sich auch mit den Werken der Erziehung und Unterstützung befassen, in Unterwerfung unter das allgemeine Aufsichts- und Kontrollrecht, das von der Mandatsmacht oder der örtlichen Verwaltung in bezug auf Erziehung, öffentlichen Unterricht, und charitative Tätigkeit ausgeübt wird."

II. Es läßt sich nicht bestreiten, daß die vorstehenden Bestimmungen über die Religion von einem f r e i h e i t l i c h e n G e i s t e durchweht sind. Von allen Mandatsstatuten bietet dieses der religiösen Betätigung verhältnismäßig den weitesten Spielraum. Das religionspolitische Interesse Frankreichs, das Jahrhunderte hindurch in Syrien wirksam war, kommt in neuer Gestalt zur Geltung. Alles in allem genommen, kann man mit den Bestimmungen zugunsten der Religion und Mission in Syrien zufrieden sein. Wenn wir die Texte in ihre Bestandteile auseinanderlegen, ergeben sich folgende E i n z e l r e c h t e:

1. Vollkommene Gewissens- und Kultfreiheit. Zwischen privatem und öffentlichem Religionskult wird nicht unterschieden, doch ist der letztere gemeint, wie aus dem Kontext hervorgeht. Die Gewährung der Kultfreiheit umfaßt alle Religionen. Der besondere Schutz der christlichen Religion aus der Zeit der Kapitulationen ist durch die allgemeine Religionsfreiheit ersetzt worden. Von ihr können alle Einwohner Syriens und des Libanons Gebrauch machen, die Ausländer ebenso wie die Landeseingesessenen.

2. Vollkommene Gleichheit vor dem Gesetze. Die Unterschiede der Rasse, Religion oder Sprache dürfen nicht zum Anlaß genommen werden, die einen günstiger und die anderen ungünstiger zu behandeln. Diese Bestimmung ist den Minderheitenschutzverträgen entnommen. Vergleiche z. B. damit die ersten zwei Absätze des Artikels 8 im rumänischen Minderheitenschutzvertrag, die wegen ihrer größeren Ausführlichkeit als Kommentar zum vorliegenden Text herangezogen werden können. Dort wird im einzelnen bestimmt, worauf sich die Gleichheit vor dem Gesetze zu beziehen habe. Es ist die Gleichheit im Genuß der bürgerlichen und politischen Rechte, in der Zulassung zu den öffentlichen Ämtern, in der Ausübung der verschiedenen Berufe und Gewerbe.

3. Errichtung von Schulen mit der Muttersprache als Unterrichtssprache. Der Grundsatz, daß die einzelnen sprachlichen Gemeinschaften den Unterricht in der Muttersprache empfangen sollen, gilt auch für die öffentlichen Schulen. Weil Absatz 2 des Artikels 8 ganz allgemein vom öffentlichen Unterricht spricht, ist darunter das gesamte Schulwesen, sowohl der niederen als auch der höheren Grade verstanden. Jede Gemeinschaft kann ihre eigene Schulen errichten, jedoch nur für ihre Mitglieder. Durch diese Einschränkung ist eine propagandistische Ausnutzung der Schule zur Erweiterung des Geltungsbereiches einer Sprache unterbunden. Noch eine weitere Einschränkung liegt vor. Nicht für jede Sprache ohne Unterschied ist die Errichtung von Schulen zulässig, sondern nur für die landesüblichen Sprachen.

4. Freiheit der inneren Verwaltung der Religionsgemeinschaften. Daß die rein religiösen Angelegenheiten vollkommen frei von den kirchlichen Behörden geordnet werden, ist ein staatlicherseits allgemein anerkannter Grundsatz. Dagegen behält sich der Staat über die Verwaltung der Kirchengüter gewöhnlich eine oberste Kontrolle vor. Artikel 9 des zitierten Statuts gewährt hierin den Religionsgemeinschaften eine unbedingte Selbständigkeit. Jede Einmischung in die Führung der kirchlichen Güterverwaltung wird der Mandatsmacht untersagt.

5. Freiheit der Missionstätigkeit. Die gewährleistete Freiheit erstreckt sich sachlich: a) auf die rein religiöse Betätigung, b) auf die Grenzgebiete der Erziehung, Schule und öffentlichen Wohltätigkeit. Nach der persönlichen Seite hin wird jede Einschränkung auf Grund der Nationalität verboten. Missionare aller Länder haben unter Beobachtung der Paßvorschriften freien Zutritt. Daß im Anschluß an diese Bestimmung die Bedingung hervorgehoben wird: „vorausgesetzt, daß sich ihre Tätigkeit innerhalb der religiösen Sphäre hält", beruht auf einer Nachwirkung der Auffassung der Alliierten über eine angeblich politische Wirksamkeit der Missionare aus den mitteleuropäischen Staaten. Eine Unterscheidung der Missionen nach konfessionellen Gesichtspunkten unterbleibt. Ob die Missionen dem katholischen oder protestantischen oder orthodoxen Bekenntnisse dienen, fällt für die Mandatsmacht rechtlich nicht ins Gewicht. Noch mehr. Weil das Statut im Artikel 10 nur ganz allgemein von religiösen Missionen spricht, nicht von christlichen im besonderen, so ist auch der nichtchristlichen Propagandatätigkeit der Weg freigegeben. Der moslemischen Werbetätigkeit stehen in Syrien dieselben Rechte zu, wie der christlichen Mission. Damit soll nicht gesagt sein, daß die französische Mandatsmacht irgendein Interesse an der Ausbreitung des Islams in Syrien habe. Nach den tatsächlichen Verhältnissen kommt die Missions- und Unterrichtsfreiheit in allererster Linie den katholischen Missionen, die von französischen Ordensleuten versehen werden, zugute.

III. Die Vereinigten Staaten von Amerika haben in einem besonderen Vertrag mit Frankreich die obigen Bestimmungen übernommen und deren Vorteile für ihre Staatsangehörigen dienstbar gemacht [1]).

4. Irak.

Der Vertrag Großbritanniens mit Irak vom 10. Oktober 1922 enthält mehrere Bestimmungen, die sich auf die rechtliche Stellung der Religion und ihrer Vertreter in dem neuen Araberstaat beziehen. Im 3. Artikel verspricht die Regierung von Irak, vollkommene Gewissens- und Religionsfreiheit, die nur durch die Aufrechterhaltung der öffentlichen Ordnung und Moral eine Einschränkung erfahren darf, zu gewähren. Ferner sollen alle Einwohner von Irak ohne Rücksicht auf ihre Rasse, Sprache oder Religion vor dem Gesetze gleich sein. Jeder Gemeinschaft steht es frei, ihre Mitglieder in eigenen Schulen zu sammeln und sie unter Anwendung der Mutter-

---

[1]) Martens-Triepel, Nouv. Recueil gén., 3. série, tome XV, p. 286, 294.

sprache zu unterrichten. Artikel 12 nimmt im besonderen auf das Missionswerk Rücksicht. Die Tätigkeit der Missionare ist frei; es wird untersagt, das Missionswerk zu behindern oder zu stören, solange seine Wirksamkeit mit der öffentlichen Ordnung und einer guten Verwaltung im Einklang steht [1]).

Über die Geltungsdauer des vorstehenden Vertrages wurde am 13. Januar 1926 zwischen Großbritannien und Irak vereinbart, daß er 25 Jahre, vom 16. Dezember 1925 ab gerechnet, laufen solle, wenn nicht Irak unterdessen in den Völkerbund eintrete. (Art. 1.) [2]).

B. Fernasien.

1. Siam.

I. In den älteren Staatsverträgen mit dem Königreich Siam wird regelmäßig den Bürgern der vertragschließenden christlichen Staaten das Recht auf freie Religionsausübung in Siam eingeräumt. Als Beispiel diene der Text des belgisch-siamesischen Handelsvertrages vom 29. August 1868 [3]).

Artikel 3 lautet:

„Den belgischen Staatsangehörigen, die Siam besuchen oder dort wohnen, soll die freie Ausübung ihrer Religion gestattet sein, auch sollen sie die Freiheit besitzen, an entsprechenden Orten, die von den siamesischen Behörden genehmigt werden, Kirchen zu bauen; die Genehmigung darf ohne hinreichenden Grund, der bekannt gegeben werden muß, nicht verweigert werden."

Denselben Wortlaut bieten die Verträge Siams mit Großbritannien 1855, den Vereinigten Staaten von Amerika 1856, Dänemark 1858, den Niederlanden 1860, Deutschland 1862, Schweden-Norwegen 1868 und Österreich-Ungarn 1869 [4]). Der französisch-siamesische Vertrag vom 15. August 1856 schützte obendrein mit ausdrücklichen Worten die Ausbreitung des Christentums in Siam [5]).

II. In allen diesen Verträgen hatte Siam einseitig die Verpflichtung zur Gewährung der Religionsfreiheit auf sich genommen.

---

[1]) Martens-Triepel, Nouv. Recueil gén., 3. série, tome XIV, p. 572 ss.

[2]) Martens-Triepel, Nouv. Recueil gén., 3. série, tome XV, p. 335 ss.

[3]) MartensTriepel, Nouv. Recueil gén., 3. série, tome II, n. 114, p. 779.

[4]) Die älteren Verträge mit Siam sind zusammengestellt in: The Siam Directory 1925.

[5]) Reinach, Recueil des traités conclus par la France en Extrême-Orient, tome I, p. 37 ss.

Anders verhält es sich mit den Verträgen aus der Zeit nach dem Weltkriege. Sie sind auf dem Fuße der Gleichheit und Gegenseitigkeit abgefaßt und erneuern in dieser Form die Religionsklauseln.

III. Was zunächst das Deutsche Reich betrifft, so hatten die Artikel 118 und 135 des Versailler Friedensvertrages alle seine in Siam erworbenen Rechte und Privilegien zunichte gemacht, also auch jene, die im besonderen der Tätigkeit deutscher Missionare dienen konnten. Dasselbe Los ereilte die Rechte Österreichs in Siam durch den Friedensvertrag von St. Germain (Art. 110). Am 27. Februar 1925 knüpfte das Deutsche Reich durch Abschluß eines vorläufigen Handelsvertrages die normalen Beziehungen zu Siam wieder an. Artikel 2 verbürgt den deutschen Staatsangehörigen das Niederlassungsrecht in dem fernöstlichen Königreich, sowie das Recht, „Grundstücke, Häuser und andere Gebäude für Wohnungs-, Handels-, Fabrikations- und Religionszwecke zu pachten und solche Pachtung und anderes Eigentum in Besitz zu nehmen und darüber zu verfügen [1].“

Die Vereinbarung widmet dem Missionswerk keinen von den übrigen Materien abgesonderten Text, wie die im folgenden angeführten Verträge es tun. Deutsche Staatsangehörige können in Siam Kultgebäude erwerben. Ferner haben sie das Recht, Privathäuser und Grundstücke, die den religiösen Aufgaben dienen, zu pachten oder sonstwie gemäß den Landesgesetzen in Besitz zu nehmen. Daß Religionsgemeinschaften als juristische Personen auftreten können, wird mit Stillschweigen übergangen. In den vorgenannten Rechten ist die Gewährung der Kultfreiheit wenigstens insofern eingeschlossen, als sie sich in den für Kultuszwecke erworbenen Gebäuden vollzieht. Die Schultätigkeit sowie das erzieherische, soziale und charitative Wirken der Religionsgesellschaften findet in der Vereinbarung keine Erwähnung. Darin muß ein nicht unbedeutender Mangel erblickt werden.

IV. Eine bedeutend stärkere Betonung der Religionsrechte bieten die Verträge der übrigen Mächte mit Siam. Artikel 3 des Vertrages zwischen Großbritannien und Siam vom 14. Juli 1925 betreffend die Änderung früherer Verträge lautet [2]:

„Die Staatsangehörigen eines jeden der vertragschließenden Teile genießen, unter Beobachtung der geltenden Gesetze und Verordnungen, in dem Gebiete des anderen das Recht, religiöse und

[1]) Reichsgesetzblatt, Teil II, Berlin, Jahrgang 1925, S. 67 ff.

[2]) Martens-Triepel, Nouv. Recueil gén. 3. série, tome XI, p. 349 ss.

charitative Unternehmungen auszuführen, Erziehungsanstalten zu errichten und zu leiten, sowie alles zu unternehmen, was zu diesem Zwecke gehört oder notwendig ist, in derselben Weise wie dies den einheimischen Bürgern zusteht.

Die Staatsangehörigen eines jeden der vertragschließenden Teile genießen im Gebiete des anderen vollkommene Gewissensfreiheit, sowie, unter Beobachtung der geltenden Gesetze und Verordnungen, das Recht auf private und öffentliche Religionsübung."

Ganz dasselbe in fast wörtlicher Übereinstimmung enthält Artikel 1 des nordamerikanisch-siamesischen Vertrags vom 16. Dezember 1920. In einem anschließenden Notenwechsel zwischen den beiden Regierungen werden darüber hinaus die Rechte der amerikanischen Missionsgesellschaften in Siam auf Grundeigentum festgesetzt. Es wird darin bestimmt: 1. Die Missionen werden in bezug auf das ihnen zustehende Eigentum mit ordnungsgemäß ausgestellten Dokumenten versehen; 2 Grundeigentum, das die Missionen von der Regierung ermietet haben, bleibt solange in ihrem Besitz, als es Missionszwecken dient; 3. das der siamesischen Regierung gehörende Haus in Ratburi, das die Mission verwendet, muß auf eine etwaige Bitte hin zurückgegeben werden; 4. die siamesische Regierung mischt sich in den Grundbesitz der Religionsbehörden nicht ein; 5. der siamesischen Regierung steht das Hoheitsrecht über alles Missionseigentum zu [1]).

Der am 14. August 1925 zwischen Portugal und Siam abgeschlossene Handelsvertrag enthält in seinem 3. Artikel in etwas anderer Stilisierung dieselben Bestimmungen über die Religionsfreiheit, wie der vorstehend zitierte Vertrag Großbritanniens [2]). Das gleiche gilt vom dänisch-siamesischen Vertrag vom 1. September 1925 (Art. 2) [3]).

Ebenso stimmt der französische Handelsvertrag mit Siam vom 14. Februar 1926 sachlich durchaus mit ihm überein. Nur wird in seinem 4. Artikel das Recht auf die Erbauung und den Besitz der Kirchen sowie auf die Anlage von Friedhöfen ausdrücklich erwähnt [4]).

Wahrscheinlich bringen auch die neuen Handelsverträge, die die Niederlande am 8. Juni 1925, Schweden am 19. Dezember 1925, Italien am 1. Mai 1926 und Norwegen am 16. Juni 1926 mit Siam

---

1) Société des Nations. Recueil des Traités. Vol. VI (1921), p. 292 ss.

2) Diário do Govêrno, 1926, I. Série, Nr. 177, p. 1003 ss.

3) Société des Nations. Recueil des Traités. Vol XLVII (1926), p. 104 ss.

4) Journal officiel de la République Française. Lois et décrets. Nr. 177, du 31 juillet 1926, p. 8570 ss.

unterzeichnet haben, eine ähnliche Religionsklausel wie die oben besprochenen. Leider war es bis zum Abschluß der vorliegenden Schrift nicht möglich, ihren Originaltext einzusehen.

Gegenüber diesen verhältnismäßig ausführlichen Bestimmungen zugunsten der Religion macht der entsprechende deutsch-siamesische Text einen etwas schüchternen Eindruck.

Nebenbei sei noch erwähnt, daß der japanisch-siamesische Handelsvertrag, unterzeichnet am 10. März 1924, im Artikel 1, Absatz 5 ebenfalls die gegenseitige Gewährung der Gewissens- und Religionsfreiheit ausspricht [1]).

2. China.

In keinem Staate haben jemals die völkerrechtlichen Verträge auf dem Felde der missionarischen Wirksamkeit so tiefe Furchen gezogen als im chinesischen Reiche. Die um die Mitte des vorigen Jahrhunderts abgeschlossenen Verträge, die das harte chinesische Erdreich in kommerzieller und religiöser Beziehung auflockerten, stehen in allen wesentlichen Punkten bis zum heutigen Tage in Kraft. Deutschland, Österreich und Rußland sahen sich allerdings durch die Geschicke des Weltkrieges von den alten Wegen abgedrängt, und der belgische Vertrag wurde mit Wirkung vom 27. Oktober 1926 ab durch die Pekinger Regierung gekündigt.

Kraft der geltenden Verträge mit China wird den christlichen Missionaren und Missionen ein Doppeltes geboten: 1. Sie stehen im Mitgenuß der den fremden Staatsangehörigen allgemein gewährten Rechte, 2. zu ihren Gunsten sind besondere Bestimmungen aufgenommen worden.

I. Bei den allgemein gewährten Rechten handelt es sich vorzüglich um die Exterritorialität der Fremdenniederlassungen und um die eigene Gerichtsbarkeit der Ausländer. Dem chinesischen Nationalbewußtsein ist gerade diese Sonderstellung der fremden Staatsangehörigen, aus der eine ständige, mit dem Scheine des Rechts umkleidete öffentliche Anklage gegen die einheimische Verwaltung und Gerichtsbarkeit herausklingt, und die der administrativen Autonomie Chinas im Wege steht, besonders anstößig und verhaßt. Schon 1902 haben die interessierten Mächte ihre Bereitwilligkeit erklärt, darauf zu verzichten, sobald die chinesische Regierung die notwendigen Reformen in der Verwaltung und Rechtspflege eingeführt hätte. Die Konferenz von Washington 1921, wo die chinesischen Delegierten mit großer Energie auf die Ab-

[1]) Société des Nations. Recueil des Traités. Vol. XXXI, Nr. 785, p. 187 ss.

schaffung der Exterritorialität und eigenen Gerichtsbarkeit der Fremden drängten, beschloß, eine Kommission zum Studium dieser Frage einzusetzen, die erst am 14. Januar 1926 in Peking mit ihren Arbeiten begann. Eile war also gewiß nicht die Losung der Vertragsmächte. Der Bericht der Exterritorialitäts-Kommission wurde im November 1926 veröffentlicht. Er empfiehlt unter der Bedingung, daß China weitere Reformen in seiner Verwaltung einführt, die allmähliche Abschaffung der Exterritorialität und Konsulargerichtsbarkeit. Damit war im wesentlichen der Stand von 1902 neu bekräftigt. Den Chinesen eine Enttäuschung und, wie es scheint, den Vertragsmächten ein Verhängnis! Unterdessen flammte der chinesische Nationalismus wiederum hell auf. Großbritannien, das sich in seinen Handelsinteressen am meisten bedroht fühlt, machte in seinem Memorandum vom 18. Dezember 1926 und in späteren Erklärungen den Vorschlag größeren Entgegenkommens gegen China, was von den übrigen Vertragsmächten zum Teil zustimmend, zum Teil ablehnend beantwortet wurde. China selbst zeigte sich dadurch nicht befriedigt.

Im Frieden von Versailles mußte D e u t s c h l a n d auf die Exterritorialität und eigene Gerichtsbarkeit (Konsulargerichtsbarkeit) in China verzichten (Art. 128 ff.) und erneuerte von sich aus den Verzicht in dem vorläufigen Handelsvertrag, den es am 20. Mai 1920 unterzeichnete.

S o w j e t r u ß l a n d hat in seinem Vertrag mit China vom 31. Mai 1924 freiwillig die Exterritorialität seiner Niederlassungen und die eigene Gerichtsbarkeit fallen lassen[1]). Für das Missionswerk ist das Vorgehen der Bolschewisten nur von geringer unmittelbarer Bedeutung, weil die russisch-orthodoxe Mission, deren Gebäude in Peking und Patachu dem russischen Staate gehörten, immer eine sehr bescheidene Rolle gespielt hat. In seinen entfernteren Wirkungen kann es dem Gesamtmissionswerk in China zum Nachteil gereichen. Denn Sowjetrußland hat durch die großmütige Geste seiner freiwilligen Preisgabe der genannten Vorrechte auf einen Teil der chinesischen Patrioten Eindruck gemacht, sein Ansehen gesteigert und sich den Weg zu stärkerem Einfluß geöffnet. Darin liegt für das Missionswerk insofern ein gewisses Gefahrenmoment, als dadurch der bolschewistische Wellenschlag nach Osten erleichtert wurde, was sich bei den Chinesen nur in einer Versteifung gegen die christ-

---

[1]) Société des Nations. Recueil des Traités. Vol. XXXVII, Nr. 955, p. 176 ss. Artikel 12: „The Government of the Union of Soviet socialist Republics agrees to relinquish the rights of extra-territoriality and consular jurisdiction."

lichen Ideen auswirken kann. Ob die chinesische Regierung eines Tages vollkommen dem Bolschewismus verfallen wird, ist wohl unwahrscheinlich, aber doch nicht unmöglich. Wenn das einträte, kämen sehr schwere Zeiten für das fernöstliche Missionswerk.

Die nach dem Weltkriege neugebildeten Staaten, wie Polen, die Tschechoslowakei usw. stehen vorläufig in keinem Vertragsverhältnisse zu China. Ihre Staatsangehörigen können weder eine Exterritorialität noch eigene Gerichtsbarkeit noch sonstige Vorrechte im „Reiche der Mitte" beanspruchen. Die Missionare dieser Länder genießen völkerrechtlich vor denen der deutschen Nation keinen Vorzug. Unter den obwaltenden Verhältnissen ist es ganz ausgeschlossen, daß die chinesische Regierung diesen Staaten jemals die Sonderrechte der alten Vertragsmächte einräumt.

II. Von ungleich größerer Wichtigkeit als Exterritorialität und Konsulargerichtsbarkeit sind, vom missionarischen Standpunkt aus betrachtet, die besonderen Abmachungen über die Missionare und ihre Tätigkeit. Alle Staaten, die mit China im Vertragsverhältnisse stehen, ausgenommen wiederum Deutschland (1920) und Rußland (1924), besitzen in ihren Verträgen eigene Bestimmungen zugunsten des Missionswerkes.

Als Beispiel diene der französisch-chinesische Vertrag, der am 27. Juni 1858 zu Tientsin abgeschlossen wurde und bis heute seine Gültigkeit bewahrt hat [1]. Er befaßt sich in zwei Artikeln mit dem Christentum und seinem Missionswerk in China. Artikel 10 verleiht den Franzosen u. a. das Recht, in den Vertragshäfen Kirchen, Krankenhäuser, Hospize, Schulen und Friedhöfe einzurichten. Den Franzosen soll von den chinesischen Ortsbehörden ein entsprechend gelegenes und hinreichend großes Gelände angewiesen werden, wo sich die Kaufleute und Missionare ansiedeln und die notwendigen Gebäude aufführen können. Für den Fall, daß chinesische Staatsangehörige die Kirchen oder Friedhöfe beschädigen oder gar zerstören, sind sie nach der Strenge der Landesgesetze zu bestrafen.

Weil diese Bestimmungen in ihrer Geltung nicht über die Vertragshäfen hinausgehen, haben sie dem Missionswerk in China nur beschränkte Dienste leisten können.

Der Hauptartikel des Tientsiner Vertrags, der auf eine umfassende völkerrechtliche Sicherung des Missionswerkes abzielt, ist Artikel 13. Er begründet das Missionsprotektorat Frankreichs, das bis zum Jahre 1890 nicht nur die französischen, sondern alle katholischen Missionare ohne Rücksicht auf ihre Nationalität um-

[1]) Reinach, Recueil I, 48 ss.

schloß. Auch die ersten deutschen Missionare, die nach China kamen, reisten mit französischen Pässen und mußten sich in sämtlichen Angelegenheiten, die mit den chinesischen Behörden zu verhandeln waren, der französischen Konsulate bedienen. Erst im genannten Jahre (1890) übernahm das Deutsche Reich mit Zustimmung des Apostolischen Stuhles den Schutz seiner katholischen missionarischen Staatsangehörigen in China. Im übrigen blieb Frankreich für die katholischen Missionen die maßgebende Protektoratsmacht. Italien, das sich mit seinen Missionaren um dieselbe Zeit wie Deutschland davon losmachen wollte, stieß anfangs auf den energischen Widerstand der römischen Kurie. Zu Beginn dieses Jahrhunderts vollzog sich die Loslösung unter der stillschweigenden Genehmigung der kirchlichen Oberleitung.

Der Wortlaut des Artikels 13 ist folgender:

„Weil die christliche Religion wesentlich den Zweck verfolgt, die Menschen für die Tugend zu gewinnen, so sollen die Mitglieder aller christlichen Vereinigungen vollkommene Sicherheit hinsichtlich ihrer Person, ihres Eigentums und der freien Ausübung ihrer religiösen Gebräuche genießen; den Missionaren, die sich in friedlicher Absicht in das Innere des Landes begeben und mit einem ordnungsmäßigen Paß, von dem im Artikel 8 die Rede ist, ausgerüstet sind, soll ein wirksamer Schutz zuteil werden. Von den Behörden des chinesischen Reiches wird in keiner Weise das allen zustehende Recht verkürzt werden, nach freiem Ermessen das Christentum anzunehmen und seinen Gesetzen zu folgen, ohne deshalb irgendeiner Strafe zu verfallen. Was immer in früheren Zeiten auf Anordnung der Regierung gegen die christliche Religion geschrieben, verkündigt oder veröffentlicht worden ist, gilt in seiner Gänze als abgeschafft und bleibt ungültig in allen Provinzen des Reiches."

In der Form etwas wechselnd, aber im Inhalt gleichbleibend, finden sich diese Bestimmungen in den Verträgen mit folgenden Staaten wieder: Rußland 1858 (nicht mehr in Geltung), Vereinigte Staaten von Amerika 1858 und 1868, Großbritannien 1858, Deutschland 1861 (nicht mehr in Geltung), Dänemark 1863, Holland 1863, Spanien 1864, Belgien 1865 (1926 gekündigt), Italien 1866, Portugal 1887 [1]). Zum Vergleich sei der Text aus dem italienisch-chinesischen Vertrag angeführt: Artikel 8 bestimmt: „Die Italiener, die in friedlicher Weise und ohne Verstoß gegen die Ordnung das Christentum predigen, sollen von den chinesischen Behörden nicht mißhandelt

[1]) Sämtliche Texte bei Tscheoufu-Tobar, Kiao-ou ki-lio, „Résumé des affaires religieuses", Shanghai 1917, p. 51 ss.

und belästigt, sondern vielmehr beschützt werden. Jeder Chinese, der den christlichen Glauben annehmen will, soll, wenn er im übrigen die Gesetze beobachtet, nicht daran gehindert oder deshalb bestraft werden."

Der Tientsiner Vertrag Frankreichs empfing durch den Pekinger Friedensvertrag, den es am 25. Oktober 1860 mit China unterzeichnete, eine neue Bekräftigung und teilweise Erweiterung. Eine gewisse Berühmtheit umspielt den 6. Artikel, der des Missionswerkes gedenkt. Sein französischer Text weicht ganz bedeutend von dem chinesischen ab, und merkwürdigerweise enthält gerade die chinesische Fassung, die der Kontrolle durch die chinesischen Diplomaten ohne weiteres offenstand, die wesentlich größeren Zugeständnisse. Er gewährt den französischen Missionaren (nach damaliger Praxis allen katholischen Missionaren) das wichtige Recht, in allen Provinzen Chinas Grundeigentum zu erwerben [1]), was in jener Zeit für die chinesische Auffassung etwas ganz Unerhörtes bedeutete. Jedem Ausländer wurde dieses Recht über die Vertragshäfen hinaus unbedingt verweigert. Es ist nur schwer verständlich, wie es möglich war, daß die chinesischen Unterhändler den Unterschied der beiden Texte nicht sofort wahrnahmen. Bei den Pekinger Regierungsmännern mag das Erstaunen und der Ärger gleich groß gewesen sein, als ihnen eines schönen Tages die Augen aufgingen, und sie sich des grotesken Hereinfalls ihrer Diplomaten bewußt wurden. Natürlich erfolgte die Ablehnung des chinesischen Textes durch die Pekinger Regierung. Die Einsicht kam aber zu spät. Es war nur eine zwangsläufige Entwicklung, daß China in der sogenannten Konvention Berthemy vom 20. Februar 1865 das Vorrecht der katholischen Mission auf Grunderwerb ausdrücklich anerkannte [2]). Aber es dauerte noch etliche Jahrzehnte, ehe der geheime Widerstand der chinesischen Behörden gegen dieses Privileg vollständig aufhörte [3]).

Der britisch-chinesische Vertrag vom 5. September 1902 bringt in religionspolitischer Hinsicht weder etwas Neues noch überhaupt Bedeutsames. Sein Vorschlag, eine Studienkommission einzusetzen, die den Weg zu friedlichen Beziehungen zwischen Christen und Heiden suchen solle (Art. 13), hat nie einen praktischen Wert erlangt [4]).

---

1) Französischer Text bei Reinach, tome I, p. 89, Beide Texte bei Tscheoufu-Tobar, p. 50 s.

2) Cordier, Henri, Histoire des relations de la Chine avec les puissances occidentales, 3 tomes, Paris 1901/2, tome I, p. 75 s.

3) Vgl. Grentrup, Ius miss. I, 146.

4) Martens, Nouv. Recueil gén., 2. série, tome XXXIII, n. 70, p. 284ss.

Erwähnenswert ist der am 8. Oktober 1903 unterzeichnete Handelsvertrag zwischen China und den Vereinigten Staaten von Amerika, dessen Artikel 14 die umfangreichste Vereinbarung über das Missionswerk in China darstellt [1]). Er lautet:

„Es wird anerkannt, daß die christliche Religion, sowohl der Protestanten wie der Katholiken, die Menschen das Gute lehrt, und sie anleitet, so zu tun, wie sie wollen, daß man ihnen tue. Jene, die diese Lehre friedlich bekennen und vortragen, sollen wegen ihres Glaubens nicht beunruhigt oder verfolgt werden. Alle, seien es Untertanen der Vereinigten Staaten oder chinesische Christen, die diesen Grundsätzen entsprechend das Christentum friedsam lehren und ausüben, sollen in keinem Falle deswegen belästigt oder gestört werden. Der Eintritt der Chinesen in christliche Kirchengemeinschaften darf keiner Einschränkung unterstellt werden. Bekehrte und Unbekehrte haben sich als chinesische Bürger gleichmäßig dem chinesischen Gesetze zu fügen; sie sollen den Behörden die erforderliche Achtung zollen und untereinander in Frieden und Freundschaft leben; die Tatsache der Bekehrung soll sie nicht vor den Folgen eines Vergehens, dessen sie sich früher schuldig gemacht, oder das sie nach ihrer Aufnahme in die Kirche begangen haben, schützen; ebensowenig sie entbinden von der Einzahlung der gesetzmäßigen Steuern, die von allen chinesischen Bürgern erhoben werden, ausgenommen jene Steuern und Beiträge, die zum Unterhalt von religiösen Einrichtungen, die ihrem Glauben widersprechen, eingefordert werden. Die Missionare dürfen sich nicht in die von den einheimischen Behörden ausgeübte Gerichtsbarkeit über chinesische Bürger einmischen; doch sollen die einheimischen Behörden keinen Unterschied machen zwischen Bekehrte und Unbekehrte, sondern die Gesetze ohne Parteilichkeit anwenden, so daß die einen mit den anderen im Frieden leben können.

Missionsgesellschaften der Vereinigten Staaten können als Eigentum Häuser und Ländereien zu Missionszwecken in allen Teilen des Reiches für ewige Zeiten pachten und verpachten sowie, nachdem die Kontrakte von den Lokalbehörden in Ordnung befunden und richtig gestempelt worden sind, die entsprechenden Gebäulichkeiten, wie sie zur Förderung ihres guten Werkes benötigt werden, errichten."

Der Handelsvertrag zwischen Schweden und China vom 24. Mai 1908 hat diese Bestimmungen in seinem 12. Artikel wörtlich

---

[1]) Martens, Nouv. Recucil gén., 2. série, tome XXXI, n. 93, p. 587 ss.

übernommen [1]). Mit ihm schließen die Verträge, die einen Schutzwall um das Missionswerk in China legten.

Der ausgedehnt pastorale Ton in den vorstehenden Bestimmungen, der sich in etwa schon in den früheren Verträgen Chinas findet, bildet einen auffälligen Kontrast zu den sonstigen Gepflogenheiten bei der Abfassung von Staatsverträgen. Christen und Heiden, Missionare und Behörden werden ermahnt, auf dem Wege des Friedens und der Gerechtigkeit zu wandeln. Der Grund für solche Mahnung lag in den lebhaften Klagen, die von Christen und Heiden seit Einführung der Religionsfreiheit gegeneinander erhoben wurden. Die heidnischen Chinesen warfen ihren christlichen Mitbürgern und im besonderen den Missionaren Illoyalität vor. Gegen letztere führten sie die Beschwerde, daß sie sich Rechte anmaßten, die sie nicht besäßen, und sich unbefugt in die Landesgerichtsbarkeit einmischten. Umgekehrt fühlten sich die Christen von den Heiden verletzt und von den Behörden öfters ungerecht behandelt. Dieser Gegensatz hatte sich in den sogenannten Boxerwirren 1900/01 mit unerhörter Heftigkeit zum Schaden der Christen und Missionare entladen. Von den auswärtigen Mächten wurde die Pekinger Regierung für die Freveltaten, die von den Aufständischen an den Christen und den Missionaren begangen worden waren, verantwortlich gemacht. In den beklagenswerten Ereignissen jener Jahre ist die nächste Veranlassung zu suchen, warum der amerikanische Vertrag alle Parteien dringend auf ihre Pflichten aufmerksam macht und sie zum Frieden mahnt. Sowohl Amerika als China hatte ein lebhaftes Interesse daran, daß sich solche Dinge nicht wieder ereigneten. Wir werden auch mit der Annahme kaum fehlgehen, daß die chinesische Regierung darüber hinaus noch ein Weiteres bezweckte. Sie wollte vermutlich mit der Aufnahme der Ermahnungen in den Vertrag auf die Hauptquelle der kleinen und großen Ruhestörungen gegen die Fremden und im besonderen gegen die Missionare hinweisen und indirekt sich selbst moralisch entlasten. Nicht die Pekinger Regierung — so sollte man zwischen den Zeilen lesen — ist die Urheberin der Wirren, sondern der leidige Gegensatz zwischen Christen und Heiden, mehr oder weniger von beiden Seiten verschuldet, führt die Konflikte herbei. Wenn dieser überwunden ist, wird alles wohlgeordnet sein.

III. Lassen wir jenen Teil der Vertragsbestimmungen, der mehr den Diplomaten als den Juristen angeht, ganz beiseite, und wenden wir uns der ausgesprochen rechtlichen Materie zu.

---

[1]) Martens-Triepel, Nouv. Rec. gén., 3. série, tome III, n. 53, p. 290 ss.

Die Verträge verleihen dem Christentum auf chinesischem Boden das Existenzrecht und den fremden Missionaren die rechtliche Sicherung ihrer Wirksamkeit. Subjekt dieser Rechte sind nicht bloß die Missionare, sondern auch die Chinesen. Im einzelnen unterstehen der Wachsamkeit der Vertragsmächte folgende Rechte:

1. Die Missionare dürfen in ganz China das Evangelium predigen und Gottesdienst halten. Ob der Religionskult ein öffentlicher d. h. außerhalb der Kultgebäude sich vollziehender sein könne, wird in den Verträgen nicht klar zum Ausdruck gebracht.

2. Die Missionare sind ermächtigt, Häuser und Ländereien zu Missionszwecken zu erwerben sowie die notwendigen Gebäude aufzuführen.

3. Die Chinesen haben die Freiheit, den christlichen Glauben anzunehmen und auszuüben. Sinngemäß ist dadurch gewährleistet, daß die Annahme des Christentums keinen Chinesen in seinen bürgerlichen oder politischen Rechten benachteiligen darf.

4. Die chinesischen Christen sind von den Abgaben für heidnische Zwecke befreit. Die sonstigen Steuern müssen von ihnen gezahlt werden.

Das Recht, Schulen mit Profanunterricht zu gründen, ist über die Vertragshäfen hinaus völkerrechtlich nicht garantiert. Der rein religiöse Unterricht wird durch die allgemeine Erlaubnis, das Evangelium auszubreiten, für alle Altersstufen gewährleistet.

Die Republik anerkannte 1912 ausdrücklich den Fortbestand der alten Verträge [1]). Auch der Weltkrieg hat, soweit die Alliierten und Neutralen in Betracht kommen, nichts an ihnen geändert.

IV. Es ist die Frage aufgeworfen worden, ob es notwendig, wünschenswert oder auch nur möglich sei, an den missionspolitischen Bestimmungen der chinesischen Verträge festzuhalten.

Zum großen Teil hängt die Entscheidung darüber mit dem Schicksal der genannten Verträge überhaupt zusammen. Ihre völkerrechtliche Schwäche liegt darin, daß sie nicht auf dem Fuße vollkommener Gleichheit abgeschlossen, sondern der chinesischen Nation einseitig aufgezwungen worden sind. Die chinesische Regierung rüttelt seit mehr als einem Vierteljahrhundert an diesen Verträgen wie eine Gefangene an den Eisenstäben, die ihr den Weg in die Freiheit versperren. Eine Revision der Gesamtverträge wird auf die Dauer kommen müssen. Was dann aus den Religionsparagraphen wird, kann natürlich heute noch kein Prophet

---

[1]) Tscheoufu-Tobar, p. 205 s., 208.

voraussagen. Rein theoretisch betrachtet, ist eine dreifache Möglichkeit gegeben. Entweder fallen diese Paragraphen vollständig aus, wie die Religionsbestimmungen aus den Verträgen der Westmächte mit Japan, oder sie werden nach dem Grundsatze völliger Gegenseitigkeit etwa in der Weise eine Umgestaltung erfahren, wie sie gegenwärtig in den neuen Verträgen mit Siam aufscheinen, oder es werden die Christen in China als religiöse Minderheit mit einem besonderen Schutze bedacht, analog den Bestimmungen in den geltenden Minderheitenschutzverträgen, die früher bereits besprochen wurden.

Ist es für die Erfüllung der missionarischen Aufgaben in China wünschenswert, daß die Missionsparagraphen in der einen oder anderen Form erhalten bleiben?

Die Frage wurde in den letzten Jahren von Vertretern der angelsächsischen Missionskreise des Protestantismus einer ausgiebigen Erörterung unterzogen. Ihre Auffassung geht dahin, daß die Missionare auf den Schutz der Verträge vollständig verzichten sollten. Es scheint, daß diese Stimmen die Meinung der überwiegenden Mehrheit des gesamten Missionslagers des englisch sprechenden Protestantismus darstellen. Abgesehen von den grundsätzlichen Thesen über das Verhältnis von Christentum und Staatsgewalt, die mehr oder minder stark in solche Abhandlungen einfließen, sind es hauptsächlich zwei Argumente, die für die vollständige Entfernung der Missionsklauseln aus den chinesischen Verträgen ins Feld geführt werden. Einerseits wird darauf hingewiesen, daß die Religionsparagraphen ein Stück jener Verträge bilden, die der chinesischen Regierung aufgezwungen wurden und darum in den nationalen Kreisen eine dem Christentum dauernd unfreundliche Grundstimmung erzeugen. Andererseits glaubt man in der gegenwärtigen Landesgesetzgebung Chinas einen hinreichenden Schutz für den Fortbestand und die freie Entfaltung des Missionswerkes zu besitzen [1]).

Eine ähnliche Auffassung herrscht in den leitenden Kreisen der protestantischen Chinesen. Im Februar und März 1926 veranstaltete der Nationale Christenrat (National Christian Council) in China bei ihnen eine Rundfrage, um ihre Meinung über diesen Punkt zu erfahren. Von 255 Antworten sprachen sich 190 gegen und 65 für die Beibehaltung der Religionsklauseln aus [2]).

[1]) Vgl. The Chinese Recorder, Shanghai, vol. 56, november 1925. The International Review of Missions, Edinburgh, vol. XV (1926), p. 21 ss.

[2]) Neue Allgemeine Missionszeitschrift IV (1927), S. 27 f. nach den Berichten im Bulletin of the National Christian Council, september 1926.

Daß sich die chinesischen Christen bei der Bildung ihres Urteils wenigstens teilweise bewußt oder unbewußt vom Nationalismus anhauchen lassen (was an sich durchaus kein Fehler ist), wird man schwer in Abrede stellen können. Um so mehr muß es auffallen, daß eine beträchtliche Minderheit die Streichung der Religionsbestimmungen aus den Verträgen unter den obwaltenden Umständen ablehnt.

Die protestantischen angelsächsischen Missionare nahmen vor dem Weltkriege eine andere Stellung zur völkerrechtlichen Sicherung der Missionsarbeit in China ein. Der Referent auf der Edinburgher Weltmissionskonferenz vom Jahre 1910 stellte fest, daß einige protestantische Missionare die Religionsklauseln in den Verträgen für ein Übel hielten, die größere Mehrheit aber sie in der einen oder anderen Form als notwendig bezeichnete [1]).

Die Meinungsäußerungen aus den Kreisen der katholischen Missionen lauten sowohl vor als nach dem Weltkriege im allgemeinen zugunsten der Beibehaltung der Religionsklauseln in den chinesischen Verträgen. Bischof Favier, Apostolischer Vikar von Peking († 1905), glaubte den weltlichen Arm nicht entbehren zu können [2]). Louis Gaillard S. J. sagt in sehr pointierter Weise, daß die Gläubigen, der Klerus und besonders die Missionare, überhaupt alle, die sich in der Sache auskännten, das Protektorat für nützlich und notwendig hielten [3]). Ebenso behauptet Henri Joseph Leroy S. J., daß die Missionare fast ausnahmslos der Meinung seien, daß „die apostolische Arbeit notwendig den Schutz unserer Flagge brauche" [4]). Nicht minder entschieden tritt der Scheutvelder Missionar Louis Kervyn für die Notwendigkeit des Protektorates ein [5]). Aus der Mission in der Provinz Kiangnan schrieb 1900 ein deutscher Missionar: „Was nun die Anschauungen über den Wert und Unwert des Protektorats angeht, so hat eben auch diese Sache ihre gute und schlimme Seite. Trotz mancher Nachteile, die es in seiner Folge hat, habe ich auch hierin stets die Leitung der göttlichen Vorsehung bewundert ... Ich bin fest davon überzeugt, daß, käme nicht der Druck von außen, und wäre die chinesische Regierung sich selbst überlassen, eine irgendwie geregelte offene Missionierung Chinas rein unmöglich wäre [6])." Die Neu-

---

[1]) World Missionary Conference 1910. Report of Commission VII: Missions and Governments, p. 7 ss.

[2]) Peking, histoire et description, Peking 1897, p. 335.

[3]) Nankin, port ouvert, Schanghai 1901, p. 198.

[4]) En Chine, Desclée 1900, p. 424.

[5]) Méthode de l'Apostolat moderne en Chine, Honkong 1911, p. 112 ss.

[6]) Katholische Missionen, Jahrg. 28 (1900/01), S. 130.

regelung des Protektorats für Südschantung 1890 und Nordschantung 1914 besagen im Grunde, daß die damaligen Missionsleiter dafür hielten, auf den weltlichen Schutz nicht verzichten zu dürfen. Bischof Johann Baptist von Anzer, Apostolischer Vikar von Südschantung († 1903) schrieb seinerzeit: „Was ich persönlich über den Schutz der Missionen durch den weltlichen Arm denke, gehört nicht hierher. Ich bemerke nur: da dieses Schutzverhältnis in China einmal vorhanden ist, und schon lange ausgeübt wird, so kann es in einem Lande wie China ... nicht plötzlich aufgehoben werden, ohne die Missionen zu gefährden [1]." Diese Stimmen liegen vor dem Weltkriege, die meisten von ihnen gehen sogar bis in die unruhigen Zeiten der Boxerwirren um die Wende des Jahrhunderts zurück.

Die neueste Entwicklung läßt die katholischen Missionare im großen und ganzen an der früheren Beurteilung des Religionsprotektorats festhalten. Von der völligen Aufhebung der Religionsklauseln befürchten viele eine ungünstige Rückwirkung auf die Gesamtlage des Christentums und im besonderen der fremden Missionare in China [2]).

Bei den heimatlichen katholischen Missiologen findet das Missionsprotektorat weniger Anklang. Professor Johann Baptist Sägmüller (Würzburg) hält allerdings das Protektorat aus prinzipiellen und praktischen Gründen für die „gottgewollte" Ordnung [3]). Louis Eugène Louvet vom Pariser Missionsseminar anerkennt keine prinzipielle Berechtigung des Protektorats und bezeichnet es in praktischer Hinsicht als Urheber der schlimmsten Kirchenverfolgung in Ostasien [4]). Diesem Urteil schließen sich Friedrich Schwager und Professor Joseph Schmidlin an [5]). Zu einem ähnlichen Resultat war im Hinblick auf die praktischen Folgen ein guter Kenner der chinesischen Verhältnisse gekommen, der u. a. wie folgt urteilt: „Die weltliche Protektion (der Missionen) ist vom Übel, und deshalb sollte sie abgeschafft werden. Daß sie verderblich ist, lehrt die Erfahrung ... Die Mission würde besser frei von jeder Politik sein. Die Erfolge

---

1) Kölnische Volkszeitung Nr. 197 vom 1. März 1901.

2) Echo de Chine, Shanghai, février 1922, L'Ami des Missionnaires du Kiangsi 1922 (Msgr. Fatiguet C. M., Notice sur le Protectorat français en Chine). Revue missionnaire des Jesuites Belges II (1927), p. 90, Louvain.

3) Zeitschrift für Missionswissenschaft III (1913) 132 f.

4) Les Missions Catholiques au XIXe siècle, Lyon, Lille, Paris (o. J.), p. 212, 215.

5) Zeitschrift für Missionswissenschaft II (1912), 148 f., III (1913), 133. Anmerkung 1.

wären auf die Dauer ganz sicher größere und bessere [1])." Mit Übergehung einer grundsätzlichen Stellungnahme schreibt J. B. Piolet S. J., daß das Protektorat seine guten und schlechten Seiten habe, der ersteren könne man sich freuen, die letzteren müsse man bedauern [2]). Neuestens urteilt Johannes Thauren S. V. D.: „Es widerspricht dagegen durchaus dem missionarischen Ideal, den Schutz eines fremden Staates, sei es des eignen Heimatstaates oder der fremden Schutzmacht zu gebrauchen, um sich oder seine Arbeit zu schützen [3])."

Von unmittelbar aktueller Bedeutung ist die ablehnende Stellungnahme der protestantischen Missionare der angelsächsischen Welt, wie sie gegenwärtig hervortritt. Es ist darum ein Gebot der Notwendigkeit, ihre Gründe einer sorgfältigen Prüfung zu unterziehen. Damit werden wir von selbst tiefer in das Problem eingeführt.

Was den ersten Grund anbetrifft, daß nämlich die Religionsklauseln einen Teil der den chinesischen Nationalisten verhaßten ungleichen Verträge bilden, so läßt sich dagegen geltend machen, daß diese Schwierigkeit bei einem zukünftigen Übereinkommen auf der Grundlage vollkommener Gegenseitigkeit behoben werden könnte. Es ist kaum anzunehmen, daß die chinesische Regierung gegen eine solche Regelung Einwände erheben wird. Allerdings wäre es nicht möglich, in diesem Rahmen den einheimischen Christen in China einen völkerrechtlichen Schutz angedeihen zu lassen. Ob sich die chinesische Republik gegebenenfalls damit einverstanden erklären würde, sich den Grundsätzen der Minderheitenschutzverträge in bezug auf ihre religiösen Minderheiten (Christen, Mohammedaner) zu unterwerfen, erscheint äußerst zweifelhaft. Immerhin ist die internationale Einstellung zu diesen Dingen heute, da 15 europäische Staaten und die Türkei sie übernommen haben, eine wesentlich andere als ehedem. Noch vorteilhafter wäre in dieser Beziehung die Stellung der Westmächte, wenn der Schutz der Minderheiten zu einer allgemein übernommenen Verpflichtung geworden wäre, die nicht nur einige, sondern alle Staaten Europas umfaßt hätte. Der Vertreter Litauens beim Völkerbund Galvanauskas stellte in der 6. Vollversammlung des Völkerbunds 1926 den Antrag, ein alle Mitgliedstaaten des Völkerbunds verpflichtendes Minderheitenstatut auszuarbeiten. Aber seine Anregung stieß auf einen

[1]) Kölnische Volkszeitung Nr. 518 v. 9. Juni 1901.

[2]) Les Missions cath. françaises au XIXe siècle III, p. 271, 275.

[3]) Die Akkommodation im katholischen Heidenapostolat, Münster i. W., 1927, S. 76.

so entschiedenen Widerspruch, daß er den Antrag zurückziehen mußte.

Der zweite Grund, der gegen die Notwendigkeit der Religionsklauseln in den Verträgen angeführt wird, gipfelt in dem Hinweis auf die in der chinesischen Gesetzgebung verbürgte Religionsfreiheit. Wie steht es in Wahrheit damit? Es ist gewiß dankbar anzuerkennen, daß die republikanische Regierung in China seit ihrem Bestehen (1912) die Religionsfreiheit gewährleistet hat. Wer jedoch glaubt, daß im Lande des Konfuzius das Ideal einer gesetzlich und praktisch garantierten Religionsfreiheit verwirklicht sei, sieht die Dinge in einem allzu rosigen Lichte. Vollkommen ist die Religionsfreiheit in China noch bei weitem nicht. Das Verfassungsgesetz vom 10. Oktober 1923 enthält folgende Bestimmungen [1]:

„Artikel 5. Die Bürger der Republik China sind vor dem Gesetze gleich, ohne Unterschied der Rasse, des Standes oder des Bekenntnisses.

Artikel 10. Die Bürger der Republik China genießen Vereins- und Versammlungsfreiheit; dieses Recht kann nur den gesetzlichen Beschränkungen unterworfen werden.

Artikel 11. Die Bürger der Republik China haben das Recht, ihre Meinung durch Wort, Schrift oder Druck frei zu äußern; dieses Recht kann nur den gesetzlichen Beschränkungen unterworfen werden.

Artikel 12. Die Bürger der Republik China haben das Recht, die Lehre des Konfuzius zu befolgen oder jeder anderen Religion anzugehören; dieses Recht kann nur den gesetzlichen Beschränkungen unterworfen werden."

Die ersten drei der angeführten Artikel gewähren eine angemessene Freiheit. Artikel 12, der für uns der wichtigste ist, bildet ein Kompromiß zwischen den Konfuzianern einerseits und den Christen, Mohammedanern, Buddhisten, Taoisten sowie Liberalen andererseits. Beide Gruppen halten sich numerisch fast die Wagschale. Zugunsten der ersten Gruppe hebt Artikel 12 den Konfuziuskult besonders hervor, im Sinne der zweiten Gruppe wird den Staatsangehörigen die Wahl der Religion freigestellt. Im Anschluß an den ersten Teil dieses Artikels halten sich die Kufuzianer für berechtigt, so wie in früheren Zeiten, die Kufuziusverehrung von Amts wegen zu fördern und ausüben zu lassen. Um aber mit dem Grundsatz der

[1]) Constitution and supplementary laws and documents of the Republic of China, Peking 1924. Deutsche Übersetzung im: Jahrbuch des öffentlichen Rechts, Tübingen, Bd. XIV (1926), S. 495 ff.

Religionsfreiheit nicht in Konflikt zu geraten, wird der Kufuziuskult als ein ziviler Heroenkult bezeichnet. Daß diese Lösung nicht ganz befriedigt, geht daraus hervor, daß der Konfuziuskult im logischen Zusammenhang des Artikel 12 als religiöser Kult aufgefaßt werden muß.

Die Verordnungen über den amtlich geforderten Konfuziuskult enthalten folgende Bestimmungen: Der Präsident der Republik China und die obersten Provinzbeamten sind verpflichtet, im Frühjahr und Herbst eines jeden Jahres im Tempel des Konfuzius nach einem äußerst feierlichen Rituale Opfer darzubringen. Bei etwaigen „unüberwindlichen Schwierigkeiten", wie die Regierungsverordnung vom 7. Februar 1914 sagt, können die Mandarine einen Stellvertreter entsenden. Ferner ist in den Schulen der Konfuziuskult, der durch dreimaliges tiefes Verneigen gegen das Bild des Konfuzius zum Ausdruck gebracht wird, von allen Schülern zu leisten [1]).

Artikel 12 der Verfassung gewährt nur den Bürgern der Republik China Religionsfreiheit, ohne auf die Fremden, die Missionare nicht ausgeschlossen, irgendwelche Rücksicht zu nehmen. Ob in der Nichteinbeziehung der Fremden eine bestimmte Absicht liegt, bleibt dahingestellt, jedenfalls darf dieser Umstand nicht übersehen werden. Stellen wir zur Verdeutlichung der Rechtslage dem Artikel 12 der chinesischen Verfassung den entsprechenden Text aus der Verfassung des Deutschen Reiches vom 11. August 1919 entgegen! Artikel 135 lautet: „Alle Bewohner des Reiches genießen volle Glaubens- und Gewissensfreiheit. Die ungestörte Religionsübung wird durch die Verfassung gewährleistet und steht unter staatlichem Schutz. Die allgemeinen Staatsgesetze bleiben hiervon unberührt."

Der Unterschied der beiden Texte springt in die Augen. Auf Grund der Verfassung herrscht in Deutschland für alle, seien es deutsche Staatsbürger oder Landesfremde, vollkommene Religionsfreiheit, während sich in China die Eingewanderten ohne chinesisches Bürgerrecht in Religionssachen nicht auf die Verfassung berufen können.

Diese Lücke im chinesischen Rechtssystem muß mit Rücksicht auf das Missionswerk irgendwie ausgefüllt werden. Vorläufig bieten die bestehenden völkerrechtlichen Verträge die notwendige Ergänzung. Wenn unter den gegenwärtigen Rechtsverhältnissen die Religions- bzw. Missionsklausel aus allen Staatsverträgen mit

---

[1]) Näheres darüber bei Grentrup SVD, Jus Missionarium, Steyl 1925, I. 152 s.

China entfernt würde, so würde das gesamte Missionswerk, soweit es von auswärtigem Personal getragen wird, rechtlich vollkommen in der Luft schweben. Ist das ein normaler und wünschenswerter Zustand?

Rein juristisch gefaßt, gewiß nicht. Von der praktischen Seite gesehen, ebensowenig. Denn niemand wird behaupten wollen, daß die Religionsfreiheit in China gewohnheitsmäßig schon so fest eingewurzelt sei, daß keine Gefahr für die ausländischen Missionare bestehe. Krisenzeiten, wie China sie gegenwärtig durchmacht, sind unberechenbar. Ein bedenkliches Symptom ist es ferner, daß die Abneigung gegen das Christentum und seine Vertreter in den nationalistischen Kreisen Chinas größer geworden ist, oder wenigstens offener hervortritt, als in den ersten Zeiten der Republik.

Von seiten der chinesischen Nationalisten wird hier und da verlangt, daß die Kirche in China selbständig sein solle, nur von eingeborenen Geistlichen verwaltet, mit Ausschluß der fremden Missionare. Chinesen, die die kirchenpolitischen Verhältnisse in Europa kennen, weisen darauf hin, daß in den neuesten Konkordaten z. B. Bayerns und Polens die Bestimmung enthalten ist, die Pfarrer und Religionslehrer müßten das Landesbürgerrecht besitzen. Für China, so meinen sie, könne etwas Ähnliches verlangt werden. Die praktische Anwendung dieser Gedanken ist die Aufstellung, daß weder die chinesische Landesgesetzgebung noch die völkerrechtlichen Verträge auf die fremden Missionare Rücksicht zu nehmen haben.

Darauf ist folgendes zu erwidern: Sowohl die katholische als protestantische Mission erstrebt die Verselbständigung der Kirche in China. Darin erblicken die Missionare ihr oberstes Ziel. Der Apostolische Stuhl hat nicht ermangelt, in verschiedenen Kundgebungen dies ausdrücklich für das katholische Missionswerk festzustellen und durch die häufig wiederkehrende Forderung der Heranbildung eines einheimischen Klerus sowie durch die Weihe chinesischer Priester zu Bischöfen diesem Ziele näher zu kommen. Sobald das Christentum in China stark genug ist, sich aus eigener Kraft zu erhalten und fortzuentwickeln, werden sich die fremden Missionare zurückziehen. Aber dieser Zeitpunkt ist noch nicht gekommen. Für den katholischen Teil wurden von Papst Pius XI. im Schreiben vom 15. Juni 1926 an die Apostolischen Vikare und Präfekten der chinesischen Missionsgebiete die radikalen Bestrebungen zur Nationalisierung der fernöstlichen Missionen als verfrüht abgewiesen[1]). Ebensowenig denken die protestantischen

---

[1]) Acta Apostolicae Sedis XVIII (1926). p. 103 ss.

Missionare in ihrer Mehrheit daran, heute schon ihr Werk in China restlos dem Willen und der Einsicht der Chinesen anzuvertrauen.

Wenn es im Urteil der zuständigen Autoritäten feststeht, daß das Christentum in China die religiöse Hilfe von auswärts noch nicht entbehren kann, so folgt daraus, daß die fremden Missionare das Recht auf eine ungestörte Wirksamkeit in Anspruch nehmen müssen. In welcher Form die chinesische Regierung es ihnen gewährleistet, ist vom missionarischen Standpunkt aus vollkommen gleichgültig. Gegenwärtig bietet die Landesgesetzgebung Chinas den Missionaren nicht die hinreichende Stütze. Deshalb bleibt für eine rechtliche Sicherstellung der Missionsarbeit vorläufig nichts anderes übrig, als an den Missionsparagraphen in den völkerrechtlichen Verträgen festzuhalten. Es ist möglich, daß den englischen Missionaren in der Gesamteinstellung Großbritanniens zu China das Problem in einem anderen Lichte erscheint. Als beachtenswerte Tatsache muß es jedenfalls gebucht werden, daß mit der Tendenz der großbritannischen Politik, die Chinesen durch weitgehendes Entgegenkommen zu beruhigen, eine ähnliche Erscheinung auf missionarischem Gebiete parallel läuft.

Zur weiteren Vertiefung der Sachkenntnis wird es von Nutzen sein, die Rechtslage der deutschen Missionare in China einer kurzen Prüfung zu unterziehen.

Wie schon angedeutet, findet sich im vorläufigen Handelsvertrag, den das Deutsche Reich am 20. Mai 1920 mit China abgeschlossen hat, keine Religionsklausel. Die deutschen Missionare genießen nur den allgemeinen Schutz des Artikels 3:

„Staatsangehörigen einer der beiden Republiken, die im Gebiete der anderen sich aufhalten, steht es frei, in Übereinstimmung mit den Gesetzen und Verordnungen des Landes zu reisen, sich niederzulassen und Handel oder Industrie zu betreiben an allen Orten, wo Staatsangehörige einer anderen Nation es tun können.

Sie unterstehen bezüglich ihrer Person sowie ihres Vermögens der Gerichtsbarkeit der örtlichen Gerichtshöfe; sie müssen sich nach den Gesetzen des Aufenthaltsortes richten. Sie zahlen keine höheren Steuern, Abgaben oder Kontributionen als die Landesangehörigen."

Für die deutschen Missionare kommt aus dem vorstehenden Vertrag das Reise- und Niederlassungsrecht in Betracht. Hierin besteht keine Schwierigkeit. Was ihre Tätigkeit betrifft, so findet sie im Vertragstext weder direkt noch indirekt Erwähnung. Wenn die Missionare Handel oder Industrie betreiben wollten, so stände ihnen der völkerrechtliche Schutz zur Seite. Dagegen können sie sich in ihrem religiösen, sozialen, erzieherischen, charitativen und sonstigen Wirken den chinesischen Behörden gegenüber nicht auf den Vertrag berufen. Es ist erfreulich, daß die deutschen Missionare bisher aus dieser Sachlage keinen Nachteil erlitten haben. In dem gegenwärtig wogenden Kampf der chinesischen Nationalisten gegen die alten Verträge sind die Missionare der übrigen Nationen viel eher in Gefahr, angegriffen zu werden, als die deutschen Staatsangehörigen. Trotzdem fühlt jeder Laie das Unbefriedigende in der Rechtsstellung der deutschen Missionare heraus. Bloß auf den guten Willen anderer und das Glück politischer Kombinationen angewiesen zu sein, ist eine recht problematische Situation im Völkerleben. Besser ist es, einen festen Rechtsboden unter den Füßen zu wissen. Darum dürfte es in Deutschland der Erwägung wert sein, ob nicht beim Abschluß des endgültigen Handelsvertrags mit China eine Formel vereinbart werden könnte, die den Missionaren ähnlich wie den Kaufleuten und Industriellen neben dem Wohnrecht das Recht auf ihre Berufstätigkeit in vollem Umfange garantiert. Sollte bis dahin die chinesische Gesetzgebung die Religions- und Missionsfreiheit in hinreichendem Maße erweitert haben, so wäre diese Anregung weniger dringend, wenn auch mit Rücksicht auf die labilen Verhältnisse in China nicht vollkommen überflüssig.

3. Japan.

In den ersten Verträgen, die bald nach der Mitte des vorigen Jahrhunderts mit dem japanischen Reiche zustande kamen, wurde den Angehörigen der christlichen Staaten die Kultfreiheit in Japan zugestanden. Von einer Ausbreitung des Christentums und von dem Schutze der japanischen Christen ist darin keine Rede, ausgenommen die Bestimmung, daß die japanische Regierung die Gesetze betreffend das Treten auf die heiligen Bilder abschaffen werde.

Mit dem Jahre 1894 beginnen jene Verträge, die an Stelle der einseitigen Religionsbestimmungen, die gegenseitige Gewährung der Gewissens- und Religionsfreiheit enthalten.

Seit 1911 hat Japan in seinen Verträgen mit den christlichen Staaten den Religionsparagraphen vollständig fallen lassen. Interessant ist es, daß Japan dem neuesten Handelsvertrag mit Siam (vgl. oben S. 57) die Religionsklausel eingefügt hat.

4. Philippinen.

Die Philippinen werden, weil zu den Vereinigten Staaten von Amerika gehörend, in deren völkerrechtliche Verträge einbezogen. Das Wenige, was über diese Inseln zu sagen ist, siehe S. 97.

5. Die ostindische Inselflur.

Einzig für die kleineren Inseln Timor und Solor kommt der holländisch-portugiesische Vertrag vom 20. April 1859 über die Regelung der beiderseitigen Besitzverhältnisse in Frage. Er bestimmt im 10. Artikel, daß in den von der Regelung betroffenen Gebieten beide Regierungen für die Eingeborenen Religionsfreiheit gewähren sollen [1]).

---

[1]) Lagemans, Recueil des traités et conventions conclus par le royaume des Pays-Bas avec les Puissances Etrangères, La Haye 1856 ss., tome V, p. 66 ss.

III. Afrika.

A. Allgemein.

Als völkerrechtliche Vereinbarung, deren geographische Geltungsweite fast den ganzen „schwarzen Erdteil" umspannt, und deren Inhalt das Missionswerk berücksichtigt, kann nur die sogenannte Kongoakte namhaft gemacht werden, die im Jahre 1919 von den Alliierten mit der Brüsseler Antisklavereiakte zu einem einzigen Dokument verschmolzen wurde. Um Bedeutung und Wert der darin enthaltenen Bestimmungen zugunsten der afrikanischen Missionen zu erfassen, muß ein Dreifaches dargelegt werden:

I. Ihre ursprüngliche Form;
II. die revidierte Form vom Jahre 1919;
III. ihr Verhältnis zur neuen Vereinbarung über die Abschaffung der Sklaverei vom 25. September 1926.

I. Die sogenannte Kongoakte in ihrer ursprünglichen Gestalt ist das Ergebnis der Berliner Konferenz, die vom 15. November 1884 bis zum 26. Februar 1885 unter dem Vorsitze des Fürsten Bismarck tagte. Die vereinigten Diplomaten Europas einschließlich der Türkei hatten sich damals die hohe Aufgabe gestellt, den ganzen Komplex politischer, wirtschaftlicher und zivilisatorischer Fragen, die sich um den neu erstandenen Kongostaat und in weiterem Sinne um Zentralafrika gruppierten, einer friedlichen Lösung entgegenzuführen. Die Sorge um die geistige Hebung der kulturarmen Bevölkerung dieser Gebiete schlug die Brücken hinüber zum Missionswerk. Die Vertreter Italiens, Österreich-Ungarns, Frankreichs und Spaniens befürworteten sehr lebhaft eine großzügige Förderung der afrikanischen Missionen. Ihren Bestrebungen setzte der türkische Delegierte als Anwalt des Mohammedanismus einen hartnäckigen Widerstand entgegen. In den vom Mohammedanismus beherrschten Teilen Afrikas wünschte er keine Ausbreitung des Christentums, und im übrigen verlangte er für die mohammedanische Propaganda dieselben Rechte, wie sie den christlichen Missionen zugedacht waren. Die einheitliche Front der christlichen Staaten wurde dadurch zerstört, daß der Vertreter Großbritanniens mit Rücksicht auf die mohammedanischen Untertanen in den britischen Besitzungen Afrikas den Auffassungen des türkischen Delegierten mehr oder weniger zustimmte. Als Kompromiß ergab sich die Annahme der folgenden Vereinbarung, die trotz allem den christlichen Missionen verhältnismäßig sehr günstig war [1]).

„Artikel 6. Bestimmungen hinsichtlich des Schutzes der Eingeborenen, der Missionare und Reisenden, sowie hinsichtlich der religiösen Freiheit. Alle Mächte, die in den gedachten Gebieten Souveränitätsrechte oder einen Einfluß ausüben, verpflichten sich, die Erhaltung der eingeborenen Bevölkerung und die Verbesserung ihrer sittlichen und materiellen Lebenslage zu überwachen und an der Unterdrückung der Sklaverei und insbesondere des Negerhandels mitzuwirken; sie werden ohne Unterschied der Nationalität oder des Kultus alle religiösen, wissenschaftlichen und wohltätigen Einrichtungen und Unternehmungen schützen und begünstigen, die zu jenem Zwecke geschaffen und organisiert sind, oder dahin zielen, die Eingeborenen zu unterrichten und ihnen die Vorteile der Zivilisation verständlich und wert zu machen.

Christliche Missionare, Gelehrte, Forscher, sowie ihr Gefolge, ihre Habe und ihre Sammlungen bilden gleichfalls den Gegenstand eines besonderen Schutzes.

Gewissensfreiheit und religiöse Duldung werden sowohl den Eingeborenen wie den Landesangehörigen und Fremden ausdrücklich gewährleistet. Die freie und öffentliche Ausübung aller Kulte, das Recht der Erbauung gottesdienstlicher Gebäude und der Einrichtung von Missionen, welcher Art Kultus dieselben angehören mögen, soll keinerlei Beschränkung noch Hinderung unterliegen."

Die Signatarmächte der Kongoakte waren Deutschland, Österreich-Ungarn, Belgien, Dänemark, Spanien, Vereinigte Staaten von Amerika, Frankreich, Großbritannien, Italien, Luxemburg, Portugal, Rußland, Schweden-Norwegen, Türkei.

Die Vereinbarung galt für das Kongobecken, wie es in Artikel 1 der Akte in weiterem Sinne umschrieben war. Es umfaßte nicht nur den Kongostaat, die spätere belgische Kolonie, sondern es schloß ringsum alle Gebiete von den Nilquellen im Norden bis zum Sambesi im Süden und von der West- bis zur Ostküste des Ozeans in sich. In diesen damals noch fast unerforschten Landesteilen von ungeheuerer Ausdehnung wurde den christlichen Missionen der besondere Schutz der Signatarmächte gewähr-

---

[1]) Protokoll der Berliner Konferenz bei Martens, Nouv. Recueil gén. 2. série, tome X, p. 199—427. Vgl. Grentrup, Jus. miss. I, p. 422 und die dort verzeichnete Literatur.

leistet. Nicht einmal die Türkei machte in diesem Punkte einen Vorbehalt. Rein theoretisch und ideologisch gefaßt, lag in der Tatsache, daß die Türkei, damals mit ihrem Kalifat die höchste amtliche Vertretung des gesamten Mohammedanismus, der Werbetätigkeit des Christentums in Afrika eine rechtliche Vorzugsstellung einräumte, ein bemerkenswerter Sieg der christlichen Nationen über die weltpropagandistischen Ansprüche der Jünger Mohammeds. Daß zwischen der katholischen und der protestantischen Mission kein Unterschied gemacht wurde, war für die Berliner Konferenz verständlich. Die christliche Mission genoß aber im konventionellen Kongobecken kein ausschließliches Recht. Neben ihr fand die freie und öffentliche Ausübung eines jeden Kultus Anerkennung. Ganz nach Belieben konnte jede religiöse Gemeinschaft, also auch der Mohammedanismus, Missionen errichten. Nicht einmal die Schranke der öffentlichen Ordnung und der guten Sitten wurde ausdrücklich erwähnt, obwohl sie stillschweigend als gesetzt gelten mußte. Ursprung und Staatsangehörigkeit der Missionare, die heute von den Politikern so sorgfältig abgewogen werden, fielen bei der Berliner Konferenz gar nicht ins Gewicht. Von allen vier Winden sollten sie kommen, die Lichtträger für den dunklen Erdteil. Es wurde dem Missionswerk gerne gestattet, ohne Rücksicht auf die Nationalität der Missionare seine religiösen und zivilisatorischen Kräfte in Zentralafrika ungehindert zu entfalten. Internationale Weitherzigkeit war die Signatur der Kongoakte in ihrer ersten originalfrischen Gestalt.

Die Generalakte der Brüsseler Antisklavereikonferenz vom 2. Juli 1890 konnte ihrem Zwecke entsprechend keine ausführlichen Bestimmungen über Missionsfreiheit und Missionsförderung bringen. Für sie stand das Interesse an dem Missionswerk nicht im Mittelpunkt, wie bei der Kongoakte, sondern es lag abseits an der Peripherie. Sie erblickte in den Missionen eine gelegentliche Hilfe in der Bekämpfung der Sklaverei, die sie bereitwillig annahm und sich zu erhalten bestrebte. In diesem Sinne bot sie ihnen ihren Schutz. Der auf die Missionen zutreffende Teil lautet:

„Artikel I. Die Mächte erklären, daß die wirksamsten Mittel zur Bekämpfung des Sklavenhandels im Inneren Afrikas sind:

1. Fortschreitende Organisation der Verwaltung, der Gerichtsbarkeit, sowie der kirchlichen und militärischen Einrichtungen in dem der Hoheit oder dem Protektorate der zivilisierten Nationen unterstellten Gebiete Afrikas.

Artikel II. Die Stationen, die von jeder der Mächte auf ihren Gewässern angeordneten Kreuzfahrten und die für diese als Schutzhäfen bestimmten Stützpunkte, haben, abgesehen von ihrer Hauptaufgabe ... noch folgende Nebenbestimmungen: ......

3. Ohne Unterschied des Kultus die bereits bestehenden oder noch zu begründenden Missionen zu schützen;

4. für Krankenpflege zu sorgen und den Forschern sowie allen denen, die sich in Afrika an dem Werk der Unterdrückung des Sklavenhandels beteiligen, Gastfreundschaft und Hilfe zu gewähren."

Die Kongoakte und in Verbindung mit ihr die Brüsseler Antisklavereiakte bilden die völkerrechtliche Morgengabe der vereinigten christlichen Staaten an das afrikanische Missionswerk. Nie zuvor war den christlichen Missionen unter ähnlichen Bedingungen eine so großzügige Freiheit und ein so kräftiger Schutz zugesagt worden. In ihnen erblicken wir den Kulminationspunkt der selbstlosen völkerrechtlichen Obsorge für die hohen Aufgaben des Missionswerkes, die in ihrem idealen Schwung noch völlig unbelastet war von jeder Art nationalistischer Engherzigkeit.

II. Die Revision der Kongo- und Antisklavereiakte wurde von den alliierten Hauptmächten (Vereinigte Staaten von Amerika, Belgien, Großbritannien, Frankreich, Italien, Japan und Portugal) in logischer Fortsetzung der Politik des Versailler Friedensvertrages vollzogen und am 10. September 1919 zu Saint-Germain-en-Laye unterzeichnet [1]).

Artikel 11 bezieht sich auf die Missionen:

„Die unterzeichneten Mächte, die Souveränitätsrechte oder Autorität in den afrikanischen Gebieten ausüben, werden fortfahren, über die Erhaltung der eingeborenen Bevölkerung und die Verbesserung ihrer sittlichen und materiellen Lebenslage zu wachen. Sie werden sich im besonderen bestreben, die gänzliche Unterdrückung der Sklaverei in jeder Form sowie des Sklavenhandels zu Lande und zur See sicherzustellen.

Sie werden ohne Rücksicht auf Nationalität und Kultus schützen und fördern alle religiösen, wissenschaftlichen und charitativen Einrichtungen und Unternehmungen, die von den Angehörigen der andern unterzeichneten Mächte und der Mitgliedstaaten des Völkerbundes, die sich dem vorliegenden Übereinkommen anschließen, und die die Eingeborenen auf der Bahn des Fortschrittes und der Zivilisation führen wollen, gegründet und organisiert sind. Wissenschaftliche Missionen, ihr Eigentum und ihre Sammlungen, bilden gleichfalls den Gegenstand eines besonderen Schutzes.

[1]) Société des Nations. Recueil des Traités. Vol. VIII (1922), p. 27 ss.

Gewissensfreiheit und die freie Ausübung jeder Art von Religion sind allen Angehörigen der unterzeichneten Mächte und den Untertanen der Mitgliedstaaten des Völkerbundes, soweit sie dem gegenwärtigen Vertrage beitreten, ausdrücklich gewährleistet. In diesem Sinne haben die Missionare das Recht, afrikanisches Gebiet zu betreten, ihre Reisen zu machen und sich anzusiedeln, um ihrem religiösen Berufe nachzugehen.

Die Anwendung der in den zwei vorstehenden Abschnitten getroffenen Anordnungen soll keinen anderen Einschränkungen unterworfen sein, als die zur Aufrechterhaltung der öffentlichen Sicherheit und Ordnung notwendig sind oder die sich aus der Geltendmachung des Verfassungsrechtes einer Macht, die in einem afrikanischen Gebiete ihre Autorität ausübt, ergeben."

Die Revision bedeutet die Zusammenfassung der Kongo- und Antisklavereiakte, so daß also beide in ihrer früheren Form als abgeschafft anzusehen sind.

Ein Vergleich des neuen Textes mit dem ursprünglichen Wortlaut fällt sehr zu Ungunsten des ersteren aus. In einem Punkte ist allerdings eine bemerkenswerte Erweiterung vorgenommen worden. Während die alte Kongoakte nur für das konventionelle Kongobecken Geltung hatte, wird die neue Vereinbarung auf alle afrikanischen Besitzungen der Signatarmächte ausgedehnt. Darin liegt ein zweifelloser Vorteil. Dem stehen leider ganz erhebliche Verschlechterungen anderer Art gegenüber.

Die Worte „christliche Mission" sind in dem revidierten Text vollständig ausgelöscht worden. Es wird nur mehr von Mission in ganz allgemeinem Sinne gesprochen, so daß die mohammedanische Propaganda und die Laienmission ebenso darunter verstanden werden muß, wie die christliche Mission. Geradezu frappant wirkt es, mit welcher Nonchalance man den besonderen Schutz, der im Absatz 2 des Artikels 6 der ursprünglichen Kongoakte den christlichen Missionaren gewährt wurde, beseitigt hat. Die beiden korrespondierenden Sätze seien zum leichteren Vergleich nebeneinander gestellt:

Ursprünglicher Text:	Revidierter Text:
Christliche Missionare, Gelehrte, Forscher, sowie ihr Gefolge, ihre Habe und ihre Sammlungen bilden gleichfalls den Gegenstand eines besonderen Schutzes.	Wissenschaftliche Missionen, ihr Eigentum und ihre Sammlungen bilden gleichfalls den Gegenstand eines besonderen Schutzes.

Eine weitere Verschlechterung besteht darin, daß die Vergünstigungen des Artikels 11 auf die Missionare der Signatarmächte und jener der Völkerbundstaaten, die der Konvention beitreten wollen, beschränkt werden. Die Angehörigen der nicht unterzeichneten Staaten erleiden allerdings nicht den positiven Ausschluß von den afrikanischen Gebieten, aber sie können die völkerrechtliche Wohltat der revidierten Kongoakte nicht in Anspruch nehmen. Sie stehen außerhalb der Vereinbarung.

Der letzte Absatz des revidierten Textes ist vollkommen neu. Er zielt zunächst darauf ab, die Sicherheit des Staates zu garantieren. In normalen Zeiten können sich kaum besondere Schwierigkeiten daraus ergeben. Ferner wird die Rechtsstellung der Mission an die Landesgesetzgebung gebunden. Für die Erbauung von Gotteshäusern, die Leitung von Schulen, die Freiheit und Grenzen der öffentlichen Religionsübung usw. sind die Kolonialgesetze maßgebend. Auch hierin ist ein Rückschritt gegenüber der früheren Rechtslage zu verzeichnen. Denn die alte Kongoakte garantierte völkerrechtlich das Recht der freien privaten und öffentlichen Religionsübung, der Erbauung von Gotteshäusern und der Errichtung von Missionsstationen und verhütete dadurch in den bezeichneten Gebieten eine dem Missionswerk etwa minder günstige Kolonialgesetzgebung.

III. In der VI. Kommission des Völkerbundes wurde 1924 der Entschluß gefaßt, eine neue Konvention zur Unterdrückung der Sklaverei auszuarbeiten, die in der Vollversammlung des Völkerbundes im September 1925 zur Verhandlung gelangen sollte. Kurz vor der Eröffnung dieser Tagung reichte Lord Cecil of Chelwood einen selbständigen Vertragsentwurf der britischen Regierung ein. Die Folge war eine Vertagung der Angelegenheit auf die Herbstversammlung des Völkerbundes im Jahre 1926. Der britische Vorschlag diente als Grundlage für die weiteren Studien. Sein 8. Artikel bestimmte, daß alle früheren völkerrechtlichen Verträge, sofern sie sich mit der Abschaffung der Sklaverei befaßten, durch die Annahme der neuen Konvention außer Kraft gesetzt würden. Dadurch wäre wahrscheinlich — die Rechtslage schien nicht vollkommen klar zu sein — auch die soeben besprochene, revidierte Kongo- und Brüsseler-Antisklavereiakte mitsamt dem Missionsparagraphen gefallen. Weil der britische Vertragsentwurf keinerlei Bestimmung über das Missionswerk enthielt, so drohte die unmittelbare Gefahr, daß der Missionstätigkeit in Afrika ein völkerrechtlicher Schutz verloren gehe, den es bisher besaß. In der missionsinteressierten Öffentlichkeit erhoben sich darüber mißbilligende Stimmen [1]), und der Apostolische Nuntius in Bern reichte dem Völkerbund seine Bemerkungen über diesen Punkt ein. Mit Rücksicht darauf sah sich die vorbereitende Kommission in Genf veranlaßt, den Artikel 8 zu streichen, „um", wie der Berichterstatter Lord Cecil in der Völkerbundversammlung ausführte, „jedes Mißverständnis zu vermeiden" und im besonderen „alle Bedenken zu zerstreuen, die der Apostolische Nuntius dem Völkerbund gegenüber zum Ausdruck gebracht hatte". In dieser Form wurde die Konvention über die Unterdrückung der Sklaverei in der VII. Vollversammlung des Völkerbundes am 25. September 1926 angenommen [2]).

Nach Streichung des Artikels 8 bietet die neue Konvention keine Bestimmung mehr, die unmittelbar oder mittelbar das Missionswerk berührt. Seine internationale Rechtslage bleibt nach wie vor dieselbe, im besonderen besteht Artikel 11 der revidierten Kongoakte weiter zurecht.

Natürlich haben die christlichen Missionare als die vornehmsten Kulturträger ein starkes Interesse daran, daß die Sklaverei und vor allem der Sklavenhandel restlos verschwinde. Aus diesem Grunde sei die Aufmerksamkeit auf zwei Punkte der Konvention gerichtet.

Artikel 1 gibt folgende Definition der Sklaverei: „Die Sklaverei ist der Zustand oder die Lage eines Individuums, über welches die Attribute des Eigentumsrechts oder bestimmte derselben ausgeübt werden." Ferner: Es verpflichten sich die vertragschließenden Teile, darauf zu achten, daß der Arbeitszwang für die Eingeborenen nicht zu einer Art Sklaverei führe. Um dies zu vermeiden, bestimmt Artikel 5: 1. Der Arbeitszwang darf nur für öffentliche Zwecke auferlegt werden. 2. Der etwa noch bestehende Zwang für private Arbeitsleistung ist allmählich abzuschaffen; unterdessen darf er nur ausnahmsweise, gegen eine entsprechende Vergütung und ohne die Forderung, daß der Eingeborene seinen gewöhnlichen Wohnsitz verläßt, weiterbestehen. 3. Die Zentralregierung der in Frage kommenden Gebiete übernimmt für alle Fälle von Arbeitszwang die Verantwortung.

B. Einzelgebiete.

I. Madagaskar.

Das Inselreich Madagaskar, dessen eingeborene Bevölkerung

[1]) Vgl. z. B. L'Antischiavismo. Monitore mensile dell' Incivilimento delle Razze di Colore. Anno XXXIX (1926) Nr. 5, p. 141 ss.

[2]) Société des Nations. Convention relative à l'exlavage. A. 104 und A. 123 (1926, VI).

von nicht ganz 3 Millionen Köpfen noch zum größten Teil dem Heidentum huldigt, hat 1897 seine politische Selbständigkeit vollständig verloren. Seitdem führt Frankreich, das von der Mitte des siebenzehnten Jahrhunderts an die Insel kolonisiert, die oberste Regierung. Als Rechtsnachfolgerin der früheren, einheimischen Regierung in Madagaskar ist die jetzige französische Verwaltung durch jene völkerrechtlichen Verträge gebunden, die im Zeitpunkt der Übernahme der Herrschaft in Kraft waren. In diesen Verträgen finden sich Bestimmungen über die Missionsfreiheit, die in erster Linie den von England und Amerika kommenden protestantischen Missionaren von Nutzen sein sollten. Die einheimische Regierung bevorzugte damals aus politischen Gründen die protestantische Mission, um ein Gegengewicht gegen die von Frankreich unterstützte katholische Mission zu schaffen.

Der Vertrag Großbritanniens mit Madagaskar vom 27. Juni 1865 vereinbart, daß die britischen Staatsangehörigen in Madagaskar die christliche Religion mit Freiheit ausüben und lehren sowie die notwendigen Gotteshäuser errichten dürfen; ferner, daß die Eingeborenen in der Annahme und Ausübung des Christentums keinen behördlichen Belästigungen unterliegen sollen (Art. 3) [1].

Der nordamerikanische Vertrag, der am 13. Mai 1881 mit Madagaskar zustande kam, bestimmt, daß die nordamerikanischen Bürger auf Madagaskar die Freiheit genießen, ihre christlichen Lehren und Gebräuche auszuüben; es wird hinzugefügt, daß neue Gotteshäuser nur mit Genehmigung der Regierung erbaut werden können (Art. 2 und 5) [2].

2. Liberia.

Für die Missionstätigkeit in der Negerrepublik Liberia, die neben 40 000 Christen etwa 1 700 000 Heiden und 300 000 Mohammedaner umfaßt, und deren Verfassungsgesetz vom 26. Juli 1847 vollkommene Religionsfreiheit gewährt (Art. 1 und 3), haben die bestehenden völkerrechtlichen Verträge nur geringe Bedeutung. Der Handelsvertrag zwischen Belgien und Liberia, der am 1. Mai 1885 unterzeichnet wurde, bestimmt im Artikel 9:

„Die Belgier in der Republik Liberia und umgekehrt die Staatsangehörigen der Republik in Belgien genießen in bezug auf die Religion die vollkommenste Gewissensfreiheit, im Einklang mit dem Toleranzsystem ihrer Länder" [3]).

---

[1]) Martens, Nouv. Rec. gén., tome XX, Nr. 78, p. 496 ss.
[2]) Martens, Nouv. Rec. gén., 2. série, tome XI, Nr. 75, p. 732 ss.
[3]) Martens, Nouv. Rec. gén., 2. série, tome XI, 67, p. 653 ss.

Dasselbe ist zu lesen im französischen Handelsvertrag mit Liberia vom 17.—20. April 1852 Artikel 8 [1]) und im holländischen Handelsvertrag vom 20. Dezember 1862 Artikel 9 [2]).

Die genannten Verträge bestätigen nur das religionspolitische System der vertragschließenden Staaten. Selbständige Gesichtspunkte irgendwelcher Art werden dabei nicht geltend gemacht. Für das Missionswerk sind solche kraft- und farblose Vereinbarungen ohne Wert.

3. Englische und portugiesische Kolonien.

Zwischen Großbritannien und Portugal wurde im Vertrage vom 11. Juni 1891 folgendes vereinbart:

„Artikel 10: In allen Gebieten Ost- und Zentralafrikas, die einer der beiden Mächte gehören oder unter ihrem Einfluß stehen, sollen Missionare beider Länder vollen Schutz genießen; religiöse Duldung und Freiheit für alle Formen des Gottesdienstes und für den religiösen Unterricht werden gewährleistet [3])".

Die Schul- und Erziehungstätigkeit im weiteren Sinne steht außerhalb der Vereinbarung. Nur der „religiöse Unterricht", gleichgültig, in welcher Form und an welchem Orte er organisiert wird, genießt vollkommene Freiheit. Die Regelung des Profanunterrichts bleibt der Landesgesetzgebung vorbehalten. Englische Missionare in den protugiesischen Kolonien und umgekehrt portugiesische Missionare in den englischen Kolonien können nur insofern Schulen eröffnen und leiten, als die Kolonialregierung es gestattet.

Die rechtliche Gleichstellung der Missionare beider Länder beschränkt sich auf den Schutz ihres Lebens, Eigentums und Wirkens. Dagegen wird nicht verlangt, daß z. B. hinsichtlich finanzieller Unterstützungen oder anderer Wohltaten, die die Kolonialregierung dem Missionswerk angedeihen läßt, die englischen und portugiesischen Missionare auf dem Fuße vollkommener Gleichheit behandelt werden. Darum steht völkerrechtlich nichts im Wege, daß die beiden Kolonialmächte in ihren afrikanischen Besitzungen die eigenen missionarischen Staatsangehörigen den Missionaren jeder anderen Nation in bezug auf materielle Unter-

[1]) De Clerq, Recueil des traités de France, Paris 1864 ss., tome VI, p. 175 ss.

[2]) Martens, Nouv. Rec. gén., tome XVII partie II, N. 55, p. 293 ss.

[3]) Treaties, acts and regulations relating to missionary feedom, London 1923, S. 65. Der obige Text stimmt wörtlich überein mit dem Artikel 10 des Vertrages zwischen Deutschland und Großbritannien vom 1. Juli 1890: Riebow-Zimmermann, Die Deutsche Kolonialgesetzgebung, Bd. I, S. 92 ff.

stützung vorziehen. So ist es im Anschluß an frühere Dekrete von Portugal geschehen in dem am 13. Oktober 1926 herausgegebenen Missionsdekret für Afrika und Timor. In bewußtem Gegensatz zu allen fremden Missionaren wird den portugiesischen in finanzieller Beziehung eine Vorzugsstellung eingeräumt [1]).

4. Die ehemals deutschen Kolonien in Afrika.

a) Allgemein.

I. Togo, Kamerun und Deutsch-Ostafrika zählen zu den Mandatsgebieten der Klasse B, Südwestafrika dagegen zu den Mandatsgebieten der Klasse C. Das Missionswerk dieser Gebiete wird durch Artikel 22 der Völkerbundsatzung des Versailler Vertrages berührt; Absatz 1 bezieht sich auf alle Gebiete, Absatz 5 auf die Gebiete der Klasse B und Absatz 6 auf jene der Klasse C. Artikel 22 lautet:

(Absatz 1). „Auf die Kolonien und Gebiete, die infolge des Krieges aufgehört haben, unter der Souveränität der Staaten zu stehen, die sie vorher beherrschten, und die von solchen Völkern bewohnt sind, die noch nicht imstande sind, sich unter den besonders schwierigen Bedingungen der heutigen Welt selbst zu leiten, finden die nachstehenden Grundsätze Anwendung. Das Wohlergehen und die Entwicklung dieser Völker bilden eine heilige Aufgabe der Zivilisation, und es ist geboten, in die gegenwärtige Satzung Bürgschaften für die Erfüllung dieser Aufgabe aufzunehmen.

(Absatz 5.) Die Entwicklungsstufe, auf der sich andere Völker, insbesondere die mittelafrikanischen, befinden, erfordert, daß der Mandatar dort die Verwaltung des Gebietes übernimmt. Doch ist dies an Bedingungen geknüpft. Außer der Abstellung von Mißbräuchen, wie Sklaverei-, Waffen- und Alkoholhandel, muß Gewissens- und Religionsfreiheit, lediglich mit den Einschränkungen, die die Aufrechterhaltung der öffentlichen Ordnung und der guten Sitten erfordern, gewährleistet sein . . .

(Absatz 6.) Endlich gibt es Gebiete, wie Südwestafrika und gewisse Inseln des australischen Ozeans, die infolge ihrer schwachen Bevölkerungsdichte und geringen Ausdehnung, ihrer Entfernung von den Mittelpunkten der Zivilisation, ihrer geographischen Nachbarschaft zum Gebiete des Mandatars oder infolge anderer Umstände nicht wohl besser verwaltet werden können, als nach den Gesetzen des Mandatars und als integrierender Bestandteil seines Gebiets,

[1]) Diário do Govêrno, I Série, Numero 228, vom 13. Oktober 1926. Vgl. Zeitschr. für Missionswissenschaft, 1927, S. 50 ff.

unter Vorbehalt der Bürgschaften, die vorstehend im Interesse der eingeborenen Bevölkerung vorgesehen sind."

II. In diesen Bestimmungen wird das Missionswerk nicht ausdrücklich erwähnt, aber die aufgestellten Grundsätze müssen mit Notwendigkeit das Wirken der Missionare beeinflussen.

Das gilt zunächst von dem Satze, daß die Entwicklung der eingeborenen Bevölkerung „eine heilige Aufgabe der Zivilisation" bilde. Wir wollen in dieser Aufstellung keine bloße Geste, sondern eine ernst gemeinte programmatische These, ein wirkliches Aktionsprogramm, erblicken. Unter einer solchen Voraussetzung muß sich als unmittelbare, praktische Folgerung ergeben, daß die Mandatsmächte in den Gebieten der kulturarmen Bevölkerung Afrikas und Ozeaniens die Mitarbeit der Missionare gerne annehmen und nach Möglichkeit unterstützen. Denn zwischen Himmel und Erde gibt es keine bessere Führerin, um eine kulturell und sozial tiefstehende Bevölkerungsschicht auf den Weg einer gesunden Entwicklung und wertvollen Zivilisation zu geleiten, als die selbstlos arbeitende Mission. Wer die Mission fördert, macht sich nicht nur verdient um die Religion, sondern auch um den zivilisatorischen Aufstieg der Naturvölker; wer sie schädigt, der begeht, abgesehen von allem anderen, eine Sünde gegen „die heiligen Aufgaben der Zivilisation". Damit ist einerseits der politischen Brutalität, die am Ende des Weltkrieges vielerorts das deutsche Missionswerk unbarmherzig zerschlug, das Urteil gesprochen, und andererseits für die Zukunft ein besserer Leitstern am Himmel der Weltpolitik gezeigt.

Weit lebhafter wird die Mission interessiert durch zwei konkrete Forderungen der Völkerbundsatzung. Die Mandatsmacht soll erstens in den ihr anvertrauten Gebieten die Mißbräuche abschaffen. Als solche werden der Sklaven-, Waffen- und Alkoholhandel besonders hervorgehoben. Zweifellos gibt es darüber hinaus noch eine große Anzahl bösartiger Gewohnheiten unter einzelnen Naturvölkern, die der Einwurzelung des Christentums große Schwierigkeiten bereiten. Als Beispiele seien genannt: Vielweiberei, Blutrache, Zaubereiunwesen usw. Lastende Ketten für den sozialen und religiösen Aufstieg! Wenn die Mandatsmacht im Geiste der vorliegenden Bestimmung solche Mißbräuche in kluger und geduldiger Arbeit zurückdrängt, um sie schließlich ganz auszurotten, so leistet sie der Missionstätigkeit einen großen Dienst, und sie kann bei diesen Bestrebungen der Mitwirkung der Missionare stets sicher sein.

Ganz unmittelbar berührt die zweite konkrete Forderung

das Wirken der Mission, nämlich die Gewährung der Gewissens- und Religionsfreiheit. Irgendeine Einschränkung dogmatischer Natur wird nicht gemacht. In bezug auf den äußeren Kult gelten nur die Schranken der öffentlichen Ordnung und der guten Sitten. Man kann freilich die Frage aufwerfen, nach welcher obersten Norm man die Sitten bzw. Gebräuche in gute und schlechte einteilen will. Je nach der Weltanschauung des Urteilenden muß der Spruch verschieden ausfallen. Wenn das Völkerrecht in unserem Falle wie auch an anderen Stellen an „die guten Sitten" appelliert, so kann damit unmöglich gesagt sein, daß jeder Beamte rein individualistisch, nach seiner ganz persönlichen Auffassung, die Sache entscheiden solle; verlangt wird vielmehr, daß der Gemeinsinn der zivilisierten Völker als Maßstab angelegt werde. Im äußeren Forum des Völkerrechtes ist nicht die individuelle Moral, sondern, wenn wir es so nennen dürfen, die Völkermoral maßgebend, worunter der Querschnitt der sittlichen Werturteile in jenen Nationen, die Träger des Völkerrechts sind, zu verstehen ist. Daß diese sogenannte Völkermoral kein höchstes Ideal bedeutet, ist jedem einleuchtend, der den Glauben an eine absolute Sittlichkeit in sich trägt. Aber es kommt an dieser Stelle nicht darauf an, zu bestimmen, wie jene Norm heiße, nach welcher gemäß den philosophisch-theologischen Grundsätzen des Christentums die Sitten in gute und böse zu scheiden sind, sondern welches die richtige Interpretation jenes Willens sei, der das positive Völkerrecht aufgestellt hat. Im wesentlichen deckt sich die völkerrechtliche Sittlichkeitsnorm zweifellos mit der christlichen, weil die führenden Nationen im völkerrechtlichen Konzern zum größeren Teil das Recht der überlieferten christlichen Sitten anerkennen, wenn auch im sittlichen Lebens- und Gesellschaftsrhythmus leider manche christusfeindlichen Elemente mitschwingen. Aus dieser Sachlage muß sich logischerweise eine weitgehende Übereinstimmung in der Stellung, die einerseits von der Mission und andererseits von der Kolonialregierung den religiösen Gebräuchen der Naturvölker gegenüber eingenommen wird, ergeben. Doch läßt sich nicht leugnen, daß mit derselben logischen Notwendigkeit daraus die Möglichkeit erwächst, daß, selbst bei vollkommen objektiver Haltung beiderseits, in Einzelfällen das Werturteil der Missionare, die die Gesetze des Christentums in ihrer absoluten Reinheit vertreten, und jenes der Kolonialregierung, die sich als ausführendes Organ des Völkerrechts betätigt, verschieden lautet. Bei solchen Meinungsverschiedenheiten ist von beiden Seiten eine sachliche Würdigung der sich widerstreitenden Auffassungen vonnöten.

Wenn auch die so herausgearbeitete Sittlichkeitsidee des Völkerrechts ein Kompromiß darstellt, das seine schwachen Seiten verrät, so darf doch nicht übersehen werden, daß das gegenwärtige Völkerrecht in diesem Punkte einen ungeheueren Fortschritt gegen frühere Methoden bedeutet. Es verlangt, daß in der Behandlung heidnischer Mißbräuche, auch wenn sie dem Kreise religiöser Vorstellungen entspringen, nicht die politische Opportunität, sondern die sittliche Idee die Führung übernehme. Man möge sich erinnern, daß Großbritannien lange Zeit hindurch die naturwidrigen Gewohnheiten der Inder, wie Witwenverbrennung, Kindertötung, Selbstverstümmelung aus religiösem Wahn usw. ruhig gewähren ließ, um seine Politik und sein Geschäft nicht zu stören, bis es in den dreißiger Jahren des vorigen Jahrhunderts sein Verfahren änderte. Das neuzeitliche Völkerrecht sanktioniert nur das Letztere.

Diesseits der Linie, die von der öffentlichen Ordnung und den guten Sitten gezogen wird, gewährt der angeführte Artikel 22 in den Mandatsgebieten Religionsfreiheit für jede Kultform. Neben dem Christentum stehen u. a. der nach Innerafrika ausstrahlende Mohammedanismus und das bodenständige Heidentum als völkerrechtlich legitimierte Kulte. Damit ist die religionspolitische Grundform des Artikels 10 im deutschen Schutzgebietsgesetze vom 10. September 1900 verlassen worden. Dieser gewährte nur den im Deutschen Reiche anerkannten Religionsgemeinschaften die freie und öffentliche Ausübung ihres Kultes in den Kolonien [1]. Die Völkerbundssatzung hat das Religionsrecht auf eine wesentlich breitere Basis gestellt, was den Grundsätzen des Liberalismus durchaus entspricht, aber dem Ansehen des Christentums und seiner Ausbreitung unter den Heiden eher schadet als nützt.

III. Der vorstehend behandelte Artikel 22 bildet das Mantelgesetz für die religiöse Freiheit in den Mandatsgebieten, die in den vom Völkerbundrat genehmigten Statuten für die einzelnen Territorien näher umschrieben wird. In ihnen findet das Missionswerk ausdrückliche Erwähnung. In der Einzelbesprechung fassen wir Togo, Kamerun und Deutsch-Ostafrika (Mandatsgebiet B) in eins zusammen, daran schließt sich die Behandlung von Deutsch-Südwestafrika (Mandatsgebiet C).

b) Die Mandatsgebiete im einzelnen.

Klasse B:

Togo, Kamerun und Deutsch-Ostafrika.

Togo wurde zwischen den Mandataren Großbritannien und

[1] Gerstmeyer, Johannes, Das Schutzgebietsgesetz, Berlin 1910.

Frankreich aufgeteilt. Ebenso Kamerun. Von Deutsch-Ostafrika erhielt Belgien einen kleinen Teil, nämlich die Sultanate Ruanda und Urundi. Das übrige wurde britisches Mandat.

I. Für diese Mandatsgebiete gilt je ein Statut, das am 20. Juli 1922 vom Völkerbundrat die Genehmigung empfing. Die Bestimmungen, die sich auf die Religionsfreiheit und das Missionswerk beziehen, sind in allen Statuten vollkommen gleichlautend. Als Modell seien die Artikel für das französische Mandat über den ihm unterstellten Teil von Kamerun angeführt:

„Artikel 2. Der Mandatar ist für den Frieden, die gute Ordnung und die rechte Verwaltung des Gebietes verantwortlich; er wird mit allen ihm zur Verfügung stehenden Mitteln die materielle und moralische Wohlfahrt heben sowie den sozialen Fortschritt der Eingeborenen fördern.

Artikel 7. Die Mandatsmacht gewährleistet im ganzen Gebiete vollkommene Gewissensfreiheit und die freie Ausübung aller Kultformen, die der öffentlichen Ordnung und den guten Sitten nicht widerstreiten; sie gewährt allen Missionaren, die irgendeinem Mitgliedstaate des Völkerbundes angehören, die Befugnis, das Gebiet zu betreten, darin zu reisen und zu wohnen, Eigentum zu erwerben und zu besitzen, gottesdienstliche Gebäude zu errichten und Schulen zu eröffnen; dabei wird allerdings vorausgesetzt, daß der Mandatsmacht das Recht zusteht, eine solche Kontrolle auszuüben, die für die Aufrechterhaltung der öffentlichen Ordnung und guten Verwaltung notwendig ist, und alle in dieser Beziehung zweckdienlichen Maßnahmen zu treffen."

II. Der Artikel 2 enthält im Anschluß an Artikel 22 Absatz 1 der Völkerbundsatzung das in großen Linien umschriebene Programm der Mandatsverwaltung. In seiner Gesamteinstellung wahrt es ein freundschaftlich-nachbarliches Verhältnis zum Missionsprogramm. Für die materielle, soziale und sittliche Hebung der Eingeborenen hegen die Missionare die wärmsten Sympathien, und sie werden sich stets gerne als Mitarbeiter zur Verfügung stellen. Höchstes und letztes Ziel der Missionstätigkeit ist freilich die religiöse Erneuerung der Eingeborenen, womit die Pflege der sittlichen Kultur unzertrennlich verbunden ist. Dazu stellen sich die materielle und soziale Höherentwicklung der primitiven Naturvölker zum Teil als Bedingung, zum Teil als Begleiterscheinung und zum Teil als entferntere Nachwirkungen.

Im Artikel 7 werden u. a. die Rechte der Missionare im einzelnen bezeichnet. Ihnen gebührt das Recht: 1. der Einreise und Niederlassung, 2. des Erwerbs und Besitzes von Eigentum, 3. der Erbauung von Gotteshäusern, 4. der Eröffnung von Schulen.

Das Recht der Einreise und Niederlassung setzt die Vorschriften über das Paßwesen nicht außer Wirksamkeit. Wenn aber die allgemein geforderten Bedingungen für die Einreise erfüllt sind, darf sie den Missionaren nicht verweigert werden.

Was das Eigentumsrecht betrifft, so muß logischerweise dabei vorausgesetzt werden, daß die Mission irgendwie als juristische Person anerkannt wird. Ob die Gesamtmission oder die einzelnen Missionsstationen, ob die Mission als Mission oder unter einem anderen Titel das Eigentum besitzen sollen, bleibt eine offene Frage.

Das Recht auf die Erbauung von Gotteshäusern bedingt die Befugnis der Missionare, sie in der Zahl und Größe zu errichten, wie sie von ihnen für die Missionsarbeit als notwendig erachtet werden. Wo baupolizeiliche Vorschriften bestehen, sind die Missionare von ihrer Befolgung natürlich nicht befreit. Ihre genaue Beachtung zu überwachen, ist Aufgabe der Kolonialbehörden. Aber darüber hinaus darf die Errichtung eines Gotteshauses nicht reglementiert und erst recht nicht verhindert werden. Einen kirchlichen Bau wegen seiner Zweckbestimmung untersagen zu wollen, wäre eine Verletzung des zitierten Artikels.

Das Recht, Schulen zu eröffnen, gehört nach den Grundsätzen neuzeitlicher Missionspraxis zu den wesentlichen Aufgaben der Mission. Tatsächlich wird das im kirchlichen Gesetzbuch [1]) beanspruchte Recht auf die Gründung von Schulen nirgends so energisch in die Tat umgesetzt, als in den Missionen bei den unkultivierten Eingeborenen. Diese Umstände finden im angeführten Artikel 7 die gebührende Berücksichtigung. Im Interesse des Missionswerkes muß mit aller Bestimmtheit hervorgehoben werden, daß die Missionare in den genannten Mandatsgebieten nicht notwendig haben, sich die Erlaubnis zur Errichtung von Schulen für jeden einzelnen Fall von den Kolonialbehörden zu erbitten, sondern daß sie jenes Recht auf Grund des Mandatsstatutes allgemein schon besitzen. Es ist bekannt, daß die französische Kolonialpolitik seit der Einführung des Trennungsgesetzes dahin strebt, die Missionsschulen möglichst zu drosseln, während die Engländer, Portugiesen und Holländer — ähnlich wie früher die deutsche Kolonialregierung — in diesem Punkte viel weitherziger sind. Die vielfachen Bedingungen, von denen die französische Kolonialregierung in West- und Äqua-

---

[1]) Codex iuris canonici. Can. 1375. Ecclesiae est ius scholas cuiusvis disciplinae non solum elementarias, sed etiam medias et superiores condendi.

torialafrika die Eröffnung von Missionsschulen abhängig macht [1]), dürfen von Rechts wegen in den Mandatsgebieten nicht eingeführt werden. Hier soll sich die Mission des ungeschmälerten Rechtes auf freie Schulgründung erfreuen. Wohl wird der Mandatsmacht über das gesamte Missionswerk, also auch über das Schulwesen, ein Kontrollrecht eingeräumt, soweit die Aufrechterhaltung der öffentlichen Ordnung dies erfordert. Man wird zum Schutze der missionarischen Freiheit darauf achten müssen, daß dieses Kontrollrecht, das entsprechend seinem Begriffe der Sache folgt, nicht etwa zu einem mehr oder minder straffen Verfügungsrecht, das sich vor den Anfang der Sache stellt, umgebogen werde.

Die Einschränkung der Rechte auf die Missionare, „die irgendeinem Mitgliedstaate des Völkerbundes angehören", zeigte eine unverkennbare Spitze gegen die Missionare der Mittelmächte, besonders gegen die Angehörigen des Deutschen Reiches. Wenn diese auch nicht positiv ausgeschlossen wurden, so wollten sich doch die Alliierten im Einklang mit dem Artikel 122 des Versailler Friedensvertrages die Macht wahren, sie von den ehemals deutschen Kolonien fernzuhalten. Mit dem im September 1926 erfolgten Eintritt Deutschlands in den Völkerbund sind für die Missionare deutscher Nationalität die Schranken gefallen. Sie können nicht nur, sondern nach der gegenwärtigen Rechtslage müssen sie sogar in allen Mandatsgebieten des Völkerbundes zugelassen werden.

Die Vereinigten Staaten von Amerika haben sich durch besondere Verträge mit den Mandatsmächten die Vergünstigungen des Mandatsstatutes verschafft. Der Vertrag mit Frankreich vom 13. Februar 1923 sichert u. a. den Missionaren der Vereinigten Staaten in dem von Frankreich verwalteten Teil von Togo und Kamerun dieselben Rechte, wie den Missionaren aus den Völkerbundstaaten [2]). Dasselbe geschah in dem Vertrag mit Belgien vom 18. April 1923 in bezug auf den ihm übertragenen Teil von Deutsch-Ostafrika [3]). Am 10. Februar 1925 unterzeichneten die Vereinigten Staaten drei Verträge (je einen für Togo, Kamerun und Ostafrika) mit Großbritannien, um die genannten Rechte in den

---

[1]) Vgl. die Schuldekreten vom 28. Dezember 1920 für Aequatorialafrika und vom 14. Februar 1922 für Westafrika bei Grentrup, Jus. miss. I, 461 ff., 464 ff.

[2]) Vertrag betreffend Kamerun: Société des Nations. Recueil des Traités. Vol. XXVI (1924), Nr. 640, p. 53 ss. Vertrag betreffend Togo: Ebendort Nr. 641, p. 69 ss.

[3]) Société des Nations. Recueil des Traités. Vol XXXI (1924), Nr. 791, p. 144 ss.

britischen Mandatsgebieten Afrikas zu erwerben [1]). Darin lautet Artikel 2:

„Die Vereinigten Staaten und ihre Angehörigen besitzen und genießen alle Rechte und Vergünstigungen, die in den Bestimmungen der Artikel 3, 4, 5, 6, 7, 8, 9 und 10 des Mandats den Mitgliedern des Völkerbunds und ihren Staatsangehörigen gewährleistet werden, unbeachtet der Tatsache, daß die Vereinigten Staaten kein Mitglied des Völkerbundes sind."

Hinsichtlich des Kontrollrechtes, von dem der letzte Absatz des Artikels 7 des Mandats spricht, gilt die milde Interpretation, die in der Note der Friedenskonferenz vom 9. Juni 1919 zu dem im Versailler Vertrag enthaltenen Kontrollrecht über die Missionen gegeben worden ist [2]). Denn die Vereinbarungen über die Verwaltung der Mandatsgebiete sind nur Ausführungsbestimmungen des Versailler Vertrags und darum keinesfalls strenger zu nehmen als diese. Dementsprechend kann das Kontrollrecht nur in einzelnen Fällen nach Rücksprache mit den leitenden Personen der Mission zur Anwendung kommen. Das System einer ständig arbeitenden Überwachung ist ebenso wenig zulässig, wie die Praxis der beliebig einsetzenden Investigationen.

Klasse C. Südwestafrika.

I. Für Südwestafrika, dessen Verwaltung der Südafrikanischen Union übertragen wurde, gilt das Mandatsstatut vom 17. Dezember 1920 [4]).

Die beiden für die Missionen in Frage kommenden Artikel lauten:

Artikel 2.

„Der Mandatar besitzt alle Vollmachten der Verwaltung und der Gesetzgebung in dem Gebiete, das den Gegenstand des Mandats bildet. Dieses Gebiet wird gemäß der Gesetzgebung des Mandatars wie ein integrierender Teil seines Territoriums verwaltet. Infolgedessen ist der Mandatar befugt, auf die dem Mandat unterworfenen Gebiete die Gesetzgebung der Südafrikanischen Union anzuwenden, unter Vorbehalt der Abänderungen, die durch die örtlichen Verhältnisse bedingt werden.

Der Mandatar wird mit allen ihm zur Verfügung stehenden Mitteln die materielle und moralische Wohlfahrt sowie den sozialen

---

[1]) Martens-Triepel, Nouv. Rec. gén., 3. série, tome XVI, p. 55 ss., 56 ss., 93.

[2]) Vgl. die Belegstelle weiter unten S. 106.

[3]) Millot, Albert, p. 233 ss.

Fortschritt der dem gegenwärtigen Mandat unterworfenen Einwohner fördern.

Artikel 5.

Unter Vorbehalt der Bestimmungen der örtlichen Gesetzgebung betreffend die Aufrechterhaltung der öffentlichen Ordnung und Moral wird die Mandatsmacht in dem ganzen Gebiete Gewissensfreiheit und die freie Ausübung aller Kultformen gewährleisten; ferner wird sie allen Missionaren, die irgendeinem Mitgliedstaate des Völkerbundes angehören, erlauben, das Gebiet zu betreten, darin zu reisen und zu wohnen, um ihrem Berufe obzuliegen."

II. Diese Artikel wiederholen sich in dem Statut der einzelnen Mandatsgebiete der Klasse C. Verglichen mit dem Statut der Mandatsgebiete B entspricht Artikel 2 der C-Klasse dem Artikel 2 der B-Klasse und Artikel 7 der C-Klasse dem Artikel 5 der B-Klasse. Ein Blick in den Text des vorzitierten Artikels 5 zeigt uns aber, daß er bedeutend weniger enthält als der ihm korrespondierende Artikel 7 für die anderen Mandatsgebiete. Er schweigt 1. von dem Recht der Mission auf Eigentum, 2. von dem Recht der Erbauung von Gotteshäusern und der Errichtung von Schulen. Albert Millot gibt dazu folgende Kritik: „La restriction est sèvére et si elle est effective, injuste. Elle peut nuire aux populations, en sorte qu'elle va à l'encontre des principes consacrés dans les mandats; elle peut nuire aussi au mandataire, à qui elle retire une collaboration précieuse [1]."

Gemäß Artikel 2 wird das Eigentumsrecht der Missionen sowie die Errichtung von Kirchen und Schulen in Südwestafrika durch die Landesgesetzgebung der Südafrikanischen Union beherrscht.

III. Was die Behandlung der deutschen Missionare betrifft, so kann man der südafrikanischen Regierung im allgemeinen keinen Vorwurf machen. Daß die Deutschenhetze während der Kriegszeit an den Südafrikanern nicht spurlos vorübergegangen ist, wird jeder verständlich finden. Aber es muß dankbar anerkannt werden, daß die Südafrikanische Union gleich nach Kriegsschluß deutschen Missionaren und Schwestern ihre Tore öffnete, die von den Engländern und Franzosen aus den beschlagnahmten deutschen Kolonien Afrikas ausgewiesen worden waren.

Kein Wunder, daß es der deutschen Reichsregierung nicht allzu schwer wurde, mit der Südafrikanischen Union zu einem beide Teile befriedigenden Meinungsaustausch über die Lage der Deutschen, einschließlich der deutschen Missionare, in Südwestafrika zu gelangen.

---

[1]) Millot, Albert, p. 164 s.

Ein formeller Vertrag wurde allerdings nicht abgeschlossen, aber die beiden Regierungen einigten sich in der Form eines kurz gefaßten Memorandums, das beiderseits durch den diplomatischen Briefwechsel vom 23. Oktober 1923 seine offizielle Anerkennung fand [1]. Darin heißt es unter Nr. 4:

„Deutsche Kirchen und Missionen. Die deutschen Kirchen und die deutschen Missionen haben bisher und werden künftig von der Verwaltung von Südwestafrika eine wohlwollende Behandlung erfahren."

[1]) Société des Nations. Recueil des Traités. Vol. XXVIII (1924), p. 418 ss.

IV. Australien, Ozeanien.

Für das Festland Australien bestehen keine völkerrechtlichen Verträge, die für die Missionen Interesse haben.

Die das Festland umschwärmende Inselwelt war in der Vergangenheit verschiedentlich Gegenstand internationaler Vereinbarungen zugunsten des Missionswerkes, besonders der katholischen Kirche, doch kommt ihnen, sofern sie vor dem Weltkriege liegen, gegenwärtig kaum eine aktuelle Bedeutung mehr zu. Die Errichtung von Mandatsgebieten an Stelle der vormals deutschen Kolonien Ozeaniens hat neue völkerrechtliche Bestimmungen, die sich auf die Missionen beziehen, im Gefolge gehabt.

Die Mandatsgebiete Ozeaniens sind wie folgt verteilt: Japan verwaltet die deutschen Kolonien nördlich vom Äquator, Großbritannien Nauru, Neuseeland Samoa und der Australische Bundesstaat Deutsch-Neuguinea mit den umliegenden Inseln.

A. Allgemeine Bestimmungen.

Die Völkerbundssatzungen des Versailler Friedensvertrages sagen in bezug auf die Mandatsgebiete Ozeaniens im Artikel 22 Absatz 6, der um der leichten Übersicht willen hier wiederholt werden soll: „Endlich gibt es Gebiete wie (Südwestafrika und) gewisse Inseln des australischen Stillen Ozeans, die infolge ihrer schwachen Bevölkerungsdichte und geringen Ausdehnung, ihrer Entfernung von den Mittelpunkten der Zivilisation, ihrer geographischen Nachbarschaft zum Gebiete des Mandatars oder infolge anderer Umstände nicht wohl besser verwaltet werden können, als nach den Gesetzen des Mandatars und als integrierender Bestandteil seines Gebiets, unter Vorbehalt der Bürgschaften, die vorstehend im Interesse der eingeborenen Bevölkerung vorgesehen sind." Zu den Bürgschaften gehört die Gewährleistung der Gewissens- und Religionsfreiheit, lediglich mit den Einschränkungen, die die Aufrechterhaltung der öffentlichen Ordnung und der guten Sitten erfordert.

B. Sonderbestimmungen für die einzelnen Gebiete.

1. Die früheren deutschen Kolonien nördlich des Äquators (Japanisches Mandatsgebiet.)

Das vom Völkerbundrat am 17. Dezember 1920 genehmigte Statut macht der japanischen Regierung zur Pflicht, in ihren Mandatsgebieten den materiellen und sittlichen Fortschritt der Eingeborenen möglichst zu fördern (Art. 2 Abs. 2), ferner Gewissens- und Religionsfreiheit zu gewährleisten und den Missionaren, die einem Völkerbundstaat angehören, die freie Betätigung in ihrem Berufe zu gestatten (Art. 5). Diese Artikel stimmen wörtlich überein mit den Artikeln 2 und 5 des Statuts für Südwestafrika, das oben S. 91 f. wiedergegeben wurde.

Weil die Vereinigten Staaten von Amerika dem Völkerbund nicht beigetreten sind, so konnten die nordamerikanischen Staatsbürger die Wohltaten des vorstehenden Statuts nicht für sich in Anspruch nehmen. Um diesem Mangel abzuhelfen, schloß die nordamerikanische Union am 11. Februar 1922 einen Vertrag mit Japan [1]). Darin wird u. a. vereinbart, daß die amerikanischen Missionare dieselben Rechte genießen, wie die der Mitgliedstaaten des Völkerbundes, und darüber hinaus heißt es: „Amerikanische Missionare aller Religionen sollen die Freiheit haben, die Inseln zu betreten, darin zu reisen und zu wohnen, Eigentum zu erwerben und zu besitzen, Gebäude religiösen Charakters zu errichten und überall auf den Inseln Schulen zu eröffnen; es besteht aber darüber Einverständnis, daß Japan das Recht besitzt, jene Kontrolle auszuüben, die für die Aufrechterhaltung der öffentlichen Ordnung und einer guten Verwaltung notwendig ist, sowie alle Maßnahmen entsprechend einer solchen Kontrolle zu ergreifen" (Art. 2).

Der japanisch-amerikanische Vertrag bringt gegenüber dem Mandatsstatut eine Verdeutlichung und Erweiterung der missionarischen Rechte zugunsten der Amerikaner. Als Vorlage diente das vom Völkerbundrat genehmigte Statut für die Mandatsgebiete der Klasse B. Die amerikanischen Missionare, seien es katholische oder protestantische, genießen auf Grund des Spezialabkommens im japanischen Mandatsgebiet dieselben Rechte und Freiheiten, wie die Missionare in Togo, Kamerun und Ostafrika. Im besonderen haben sie das Recht, Grundeigentum zu erwerben, Gotteshäuser zu errichten und Schulen zu eröffnen, ein Recht, worüber das Statut für das japanische Mandatsgebiet schweigt. Sie erfreuen sich also völkerrechtlich einer Vorzugsstellung. Zur tieferen Erfassung des Vertragstextes sei auf die Erörterung im Abschnitt über die afrikanischen Mandatsgebiete verwiesen.

Vom missionarischen Standpunkt aus kann es nur begrüßt werden, daß die beengenden Schranken des Mandatsstatuts durchbrochen wurden, aber es ist der Verdacht nicht ganz von der Hand

---

[1]) Société des Nations. Recueil des Traités. Vol. XII (1922), p. 202 ss.

zu weisen, daß die amerikanische Regierung nicht nur den Vertrag als Ganzes, sondern auch die Bestimmungen über die Missionare im besonderen, letzten Endes mit machtpolitischen Zwecken verknüpft. Bekanntlich hat die nordamerikanische Regierung ein lebhaftes Interesse daran, auf den in Frage stehenden Inseln, die im Schnittpunkt der außenpolitischen Machtlinien zwischen Japan und Nordamerika liegen, ihren Einfluß zu wahren und, wenn möglich, zu stärken. Es bedarf von seiten der Missionare sicher eines hohen Grades von kluger Zurückhaltung, wenn sie nicht in den politischen Gegensatz der beiden Machtsphären hineingezogen werden wollen.

2. Nauru (Britisches Mandatsgebiet).

Das für diese Inseln genehmigte Statut ist identisch mit jenem, das in Südwestafrika und im japanischen Mandatsgebiete zur Anwendung kommt. Großbritannien ist laut Artikel 2 Absatz 2 für den wirtschaftlichen und sittlichen Fortschritt der Eingeborenen verantwortlich; es muß entsprechend dem Artikel 5 Gewissens- und Religionsfreiheit gewähren und den Missionaren, die Bürger eines Völkerbundstaates sind, die freie Ausübung ihres Berufes gestatten.

3. Samoa (Neuseeländisches Mandat).

Es gilt das Statut gleichen Inhalts wie oben.

4. Neuguinea und umliegende Inseln (Australisches Mandatsgebiet).

Auch hier wiederholt sich dasselbe Statut, wie in vorstehendem.

V. Amerika.

Amerika trägt nur mehr in sehr geringem Maße den Charakter eines Missionslandes. Vereinzelte Missionsgebiete, die sich mit der Christianisierung der noch übriggebliebenen Indianer und der eingewanderten Neger befassen, finden sich sporadisch über ganz Amerika verteilt.

Das Völkerrecht hat zu Beginn der Entdeckung Amerikas insofern einen tiefgehenden Einfluß auf das Missionswerk ausgeübt, als durch den spanisch-portugiesischen Vertrag von Tordesillas vom 7. Juni 1494, der in Abänderung der berühmten Demarkationslinie Papst Alexanders VI. (1493) die westliche Hemisphäre zwischen den beiden Mächten der iberischen Halbinsel teilte, auch eine nationale Teilung der Missionare in den neu entdeckten Ländern herbeigeführt wurde.

I. Gegenwärtig bestehen keine völkerrechtlichen Verträge mit den amerikanischen Staaten, die sich unmittelbar und ausdrücklich mit der Missionstätigkeit befassen. Der deutsch-nordamerikanische Freundschafts-, Handels- und Konsularvertrag, der am 8. Dezember 1923 unterzeichnet wurde, berührt mittelbar die Indianer- und Negermission in Nordamerika und, was vom missionarischen Standpunkt aus noch wichtiger ist, die Missionen auf den zu Nordamerika gehörenden Hawaiinseln und Philippinen[1]). Die religionspolitischen Bestimmungen in dem genannten Vertrag sind ziemlich weitläufig. Die deutschen Staatsangehörigen genießen in den Herrschaftsgebieten der nordamerikanischen Union Gewissens- und Religionsfreiheit; sie dürfen sich ohne Hinderung der religiösen Tätigkeit widmen; für religiöse und charitative Zwecke können sie Gebäude als Eigentum besitzen und Ländereien pachten; es steht ihnen frei, in der Ausübung dieser Rechte alles zu unternehmen, was den amerikanischen Staatsbürgern zu tun erlaubt ist, oder was irgendeinem Staate in Zukunft zugestanden wird (Art. 1). Ferner dürfen sie in ihren Häusern und in anderen geeigneten Gebäuden Gottesdienst abhalten und die Toten nach ihren religiösen Gebräuchen unter Beobachtung der behördlichen Bestattungsvorschriften beisetzen (Art. 5).

---

[1]) Reichsgesetzblatt, Teil II, 1925, S. 795 ff.

II. Etwas weiter zurückgreifend muß eine sehr erfreuliche Wirkung des Völkerrechts erwähnt werden, die in die Gegenwart hineinragt. Es handelt sich um die teilweise Rettung des kalifornischen Missionsfonds, die dem Vertrag der Vereinigten Staaten mit Mexiko vom 4. Juli 1868 und vom 22. Mai 1902 sowie dem darauf folgenden Schiedsspruch des Ständigen Internationalen Haager Schiedshofes vom 14. Oktober 1902 zu danken ist [1]). Weil diese Angelegenheit in der deutschen Missionsliteratur ganz unbekannt ist, dürfte es angezeigt sein, ein wenig näher darauf einzugehen.

Der kalifornische Missionsfonds stellte das Ergebnis von Schenkungen dar, die seit Ende des 17. Jahrhunderts bis in die zweite Hälfte des 18. Jahrhunderts von privaten Wohltätern spanischer Nationalität in Mexiko gewidmet worden waren. Er hatte den Zweck, die Missionen in Kalifornien zu unterstützen. Klar und bestimmt werden Zweck und Ziel des Fonds ausgesprochen in der Schenkungsurkunde des Marquis von Villa Puente und seiner Gemahlin in der Stadt Mexiko, die am 9. Juni 1735 ausgestellt wurde. Darin wird das Gut San Pedro de Ibarra „den von der Gesellschaft Jesu bereits gegründeten und von besagter Gesellschaft in besagtem Kalifornien in künftigen Zeiten noch zu gründenden Missionen" übertragen; „als Besitz und Eigentum besagter bereits gegründeter und künftig in Kalifornien noch zu gründender Missionen, sowie zur Erhaltung ihrer Missionsbrüder, als Beitrag zur würdigen Abhaltung des Gottesdienstes, wie auch zur Versorgung der bekehrten Eingeborenen und Katechumenen mit Kleidung und Nahrung, wie es dort landesüblich ist, damit in künftigen Zeiten mit Gottes Hilfe Mittel zur Erhaltung der bereits eingerichteten Reduktionen und Missionen durch Bebauung ihres eigenen Grundes und Bodens gegeben sind.... Besagte Ländereien sollen unveräußerlich bleiben und niemals verkauft werden, so daß selbst im Falle, daß ganz Kalifornien zivilisiert und zu unserem heiligen, katholischen Glauben bekehrt würde, der Ertrag besagter Güter für die Bedürfnisse besagter Missionen und deren Erhaltung verwendet würde.... Und kraft dieser Schenkungsurkunde entäußern wir, besagte Stifter, uns beide und begeben uns vollkommen unseres gesamten Grundbesitzes und

[1]) Literatur betreffend den Schiedsspruch: Descamps, Le premier arbitrage de la cour de la Haye 1902. Renault, Un premier litige devant la cour de la Haye, 1913. Brown Scott, James, Der kalifornische Kirchengüterstreit zwischen den Vereinigten Staaten von Amerika und Mexiko, in: Schüking, Walther, Das Werk vom Haag. II. Serie, Erster Band: die Judikatur des Ständigen Schiedshofs von 1899—1913, München u. Leipzig 1917, S. 43 ff. Mit einem Anhang der wichtigsten Dokumente, S. 197—247.

beweglichen Gutes und aller direkten und übertragenen Eigentums-, Herrschafts- und Besitzrechte und Befugnisse darüber, sowie über jegliches andere uns gehörende oder aus irgendeinem Grund und Recht uns zukommende Eigentum, und wir entsagen ihm, treten es ab und übertragen es vollständig besagter ehrwürdiger Gesellschaft Jesu, ihren kalifornischen Missionen, ihren Kirchenfürsten und Geistlichen, deren Leitung die Verwaltung besagter Missionen und die Provinz Neuspanien untersteht, jetzt und für alle künftigen Zeiten zur Erhaltung besagter oben erwähnter Missionen aus den Einkünften besagter Ländereien und ihrem Ertrag an Groß- und Kleinvieh und sonstigen Produkten jeglicher Art, in der oben vorgeschlagenen, angegebenen, erläuterten und für ewige Zeiten festgelegten Weise[1]).“

Die geistigen Urheber des Fonds waren die Jesuitenmissionare in Neuspanien und Kalifornien. Den ersten Anstoß dazu gab P. Salvatierra S. J., der zusammen mit seinem Freunde P. Quino S. J. am 6. Februar 1697 vom Vizekönig von Mexiko die Erlaubnis erhielt, das Missionswerk in Kalifornien zu begründen, aber unter der Bedingung, daß der spanischen Krone daraus keine Ausgaben erwüchsen [2]). Nebenbei bemerkt, zeigt dieses Dokument, daß es den Tatsachen nicht entspricht, wenn man ganz allgemein die Behauptung aufstellt, die spanische Krone habe die gesamten finanziellen Lasten der Indianermissionen in ihren ehemals amerikanischen Besitzungen auf sich genommen.

Die Verwaltung des Fonds lag bis zum Jahre 1767 in den Händen der Jesuiten. Durch königliches Dekret vom 27. Februar des genannten Jahres wurde die Gesellschaft Jesu aus Spanien und seinen Besitzungen vertrieben und ihr Eigentum beschlagnahmt. Damit fiel auch der kalifornische Missionsfonds an den Staat, der sich verpflichtete, alle Lasten, die ihm von den Stiftern auferlegt waren, zu erfüllen [3]). Als Mexiko, wozu Unter- und Oberkalifornien gehörte, 1821 seine staatliche Unabhängigkeit von Spanien erklärte, kam der Missionsfonds in die Verwaltung dieses Staates. Nur kurze Zeit, nämlich von 1840—1842, führte der neuernannte Bischof von Kalifornien die Verwaltung. Mit Dekret vom 8. Februar 1842 nahm

---

[1]) Transcript of Record of Proceeding before the Mexican and American mixed claims commission with relation to "the Pious Fund of the Californias" being claim Nr. 493, American docket and entitled of Thaddeus Amat, bishop of Monterey and Joseph A. Alemany, archbishop of San Francisco vs. Mexico. Washington 1902, p. 106 s. Ich habe dieses Werk selbst leider nicht einsehen können; die Belegstellen sind entnommen der sehr ausführlichen Abhandlung von Brown Scott.

[2]) Transcript of Record, p. 402 s.

[3]) Transcript of Record, p. 263, 401.

die mexikanische Regierung die Verwaltung des Fonds wieder an sich, jedoch unbeschadet des ursprünglichen Zweckes der Stiftung. Artikel 2 des Dekrets lautet: „Die Verwaltung und Verwendung des Vermögens soll daher wieder Aufgabe der obersten Regierung werden, und zwar in der Art, wie sie es zwecks Ausführung der auf die Verbreitung der Zivilisation und Bekehrung der Wilden hinzielenden Absichten der Stifter für richtig hält [1]."

Mit dem 24. Oktober 1842 begann eine entscheidende Wendung in der Geschichte des Missionsfonds. Unter diesem Datum erging ein Dekret der mexikanischen Regierung, das sämtliche Güter des Fonds dem Staatsschatz einverleibte und ihren Verkauf anordnete, doch wurden den kalifornischen Missionen 6% der erzielten Verkaufssumme als ständige Jahresrente zugesichert und sogar die Einnahmen aus dem Tabakmonopol dafür verpfändet [2]. Wahrscheinlich wäre mit diesem Akte der Anfang der vollkommenen Säkularisation des Missionsfonds gemacht worden, wenn nicht die politische Entwicklung Kaliforniens in sein Geschick eingegriffen hätte. Im Frieden von Guadalupe Hidalgo, der am 2. Februar 1848 den Krieg zwischen Mexiko und den Vereinigten Staaten von Amerika abschloß, ging Oberkalifornien für Mexiko verloren.

Um die gegenseitigen Entschädigungsansprüche, die nach dem Friedensschluß kein Ende zu nehmen schienen, endgültig zur Erledigung zu bringen, kam es am 4. Juli 1868 zu einem besonderen Abkommen zwischen den beiden Staaten. Damit war eine feste und unzweideutige Grundlage geschaffen, auf der auch die oberkalifornischen Bischöfe die Aktion zur Rückgewinnung ihres Anteils am Missionsfonds ansetzten und mit Klugheit und Ausdauer zum vollen Siege führten. Am 30. März 1870 reichten sie ihre Entschädigungsforderung gegen Mexiko dem Staatssekretär der Vereinigten Staaten zur Überweisung an die auf Grund des genannten Abkommens eingesetzte gemischte Kommission ein. In weiser Berücksichtigung der durch die mexikanische Gesetzgebung geschaffenen Rechtslage verlangten die oberkalifornischen Bischöfe nicht die Substanz der Güter zurück, was allerdings dem kanonischen Recht durchaus entsprochen hätte, sondern sie forderten nur einen gerechten Anteil an der seit dem 2. Februar 1848 fälligen 6%igen Jahresrente [3].

---

[1]) Foreign Relations of the United States 1902. Appendix II: United States vs. Mexico. In the matter of the case of „the Pious Fund of the Californias". Washington 1903. P. 347. Ebenfalls entnommen der Abhandlung von Brown Scott.

[2]) Foreign Relations, p. 348 s.

[3]) Vgl. Brown Scott, S. 78 ss.

Die am 11. November 1875 erlassene und am 24. Oktober 1876 wegen eines kleinen Rechenfehlers korrigierte Entscheidung fiel zugunsten der oberkalifornischen Bischöfe aus. Der Wert des Missionsfonds wurde auf 1 435 033 Dollar geschätzt und Mexiko dazu verurteilt, die Hälfte der 6%igen Interessen, die von 1848 bis 1869 (die Zeitperiode, über welche die Kommission zu befinden hatte) aufgelaufen waren, im ganzen 21 Jahresraten, in der Gesamthöhe von 904 070,79 Dollars auszuzahlen. Die Summe sollte in mexikanischen Golddollars entrichtet werden. Mexiko zahlte die auferlegte Schuld, die letzte Rate am 20. Januar 1890 [1]).

Unterdessen war über die Auslegung des Zahlungsurteils eine Meinungsdifferenz entstanden. Die mexikanische Regierung glaubte, mit der Entrichtung der oben genannten Summe ihrer Verpflichtung endgültig genügt zu haben, während die nordamerikanische Union behauptete, die im Urteilsspruch festgelegte Jahresrente in der Höhe von 43 050,99 Dollars sei auch weiter jedes Jahr in unbegrenzter Fortdauer den oberkalifornischen Bischöfen auszuhändigen. Die diplomatische Korrespondenz, die rund ein Vierteljahrhundert deswegen zwischen Mexiko und Washington geführt wurde, konnte die Frage nicht befriedigend erledigen. Schließlich einigten sich die beiden Parteien durch ein Abkommen vom 22. Mai 1902 dahin, den Streitfall dem Haager Schiedsgericht zur endgültigen Entscheidung zu unterbreiten [2]).

Das war der erste Fall, der dem Haager Schiedshof zur Erledigung überwiesen wurde.

Die Entscheidung fiel auch diesmal gegen Mexiko aus. Am 14. Oktober 1902 wurde von dem Kollegium der fünf Schiedsrichter der Spruch gefällt, daß Mexiko die von 1869 bis 1902 fälligen Jahresraten in der Gesamthöhe von 1 420 682,67 Dollars nachzuzahlen und ferner in Zukunft am 2. Februar jeden Jahres die festgesetzte Jahresrente von 43 050,99 Dollars an die nordamerikanische Regierung zugunsten der oberkalifornischen Bischöfe abzuführen habe [3]).

Seitdem zahlt Mexiko pünktlich seine Schuld, unter den heutigen kirchenpolitischen Verhältnissen mehr als je mit innerem Widerwillen, aber gezwungen durch völkerrechtliche Vereinbarung und den

---

[1]) Brown Scott, S. 144 ff.

[2]) Recueil des Actes et Protocoles concernant le litige du „Fonds Pieux des Californies" soumis au tribunal d'arbitrage constitué en vertu du Traité conclu à Washington le 22. mai 1902 entre les Etats-Unis d'Amerique et les Etats-Unis Mexicains, Le Haye 1902, p. 5 ss.

[3]) Recueil des Actes etc., p. 107.

Schiedsspruch des Internationalen Gerichtshofes im Haag, denen die starke Faust der nordamerikanischen Union die Ausführung sichert. Dem Haager Schiedshof gebührt in der Missionsliteratur ein Wort der Anerkennung, weil es seine Tätigkeit damit eröffnete, einen großen Teil der Früchte von bedeutenden Missionsspenden früherer Jahrhunderte für alle Zeiten den kirchlichen Zwecken zu erhalten.

VI. Der Versailler Friedensvertrag vom 28. Juni 1919.

I. Die Behandlung der deutschen Missionen während des Krieges gehört der Missionsgeschichte, nicht dem Missionsrecht an. Sie mußte zwangsläufig auf den Versailler Friedensvertrag ihre Reflexe werfen. Soweit seine Bestimmungen die Missionen betreffen, bilden sie die völkerrechtlich festgelegten Konsequenzen aus der alliierten Missionspolitik, wie sie im Laufe des Krieges und bei seinem Abschluß geführt worden war.

Aus dem Friedenswerk des Jahres 1919 floß für die deutschen Missionen ein Übermaß von Bitterkeit. Die Kriegsfaust wurde in den Handschuh des Friedensvertrages gesteckt und führte so, scheinbar rechtlich legitimiert, ihre unheilvollen Stöße gegen das Missionswerk.

Die verhängnisvolle Fehlerquelle, die Wurzel aller Irrungen der Versailler Missionspolitik liegt darin, daß die Alliierten in ihrer Befangenheit die deutschen Missionen schlechthin als einen Teil der nationalen und politischen Funktion des deutschen Volkes nach außen hin betrachteten und das Wesen der missionarischen Arbeit, nämlich das übernationale, rein religiöse und menschlich-kulturelle Wirken der Glaubensboten völlig aus dem Auge verloren oder wenigstens von dem Gedanken daran sich in keiner Weise beeinflussen ließen. Der völkerrechtlich anerkannte Grundsatz, daß die Geistlichen, Ärzte, Krankenpfleger und Personen ähnlichen Charakters wegen ihrer idealen Tätigkeit im Dienste hilfsbedürftiger Menschen selbst in den Kriegszeiten eine Ausnahmestellung einnehmen, fand in Versailles den christlichen Missionaren gegenüber keinen Widerhall. Wie der ganze Organismus der deutschen Interessen in der weiten Welt durch die Maßnahmen der Alliierten tödlich getroffen werden sollte, so wurden auch die deutschen Missionen dazu verurteilt, das gleiche Schicksal zu erleiden. Das war die führende Stimme im Chore der Versailler Friedenspolitiker, wenn auch manche von ihnen diesen Radikalismus im stillen nicht vollständig geteilt haben mögen, was in der späteren ganz verschiedenartigen Ausführung der Friedensbestimmungen in den einzelnen Siegerstaaten seinen Niederschlag fand.

Daß das Vorgehen der Alliierten gegen die deutschen Missionen dem Gesamtmissionswerk in ideeller und tatsächlicher Beziehung schwere Wunden geschlagen hat, bedarf keines Beweises. Die bisher gepflegte Freundschaft zwischen Völkerrecht und Mission erfuhr eine sehr bedauerliche Störung. Die völkerrechtlichen Verträge vor dem Weltkriege hatten, sofern sie die Tätigkeit der christlichen Missionen berührten, diesen immer nur Schutz und Freiheit garantiert. Etwas anderes schien einfach unmöglich zu sein. Den Höhepunkt bildeten die Bestimmungen der Berliner Konferenz vom Jahre 1885, auf der sich 14 Staaten gegenseitig feierlich verpflichteten, den christlichen Missionaren Innerafrikas ohne Unterschied der Nation einen „besonderen Schutz" angedeihen zu lassen. Mit dieser Tradition hat der Versailler Friedensvertrag leider gebrochen, nicht aus grundsätzlicher Abneigung gegen die Mission, sondern verleitet durch die maßlose Überspannung des machtpolitischen Prinzips gegen die deutsche Volksgemeinschaft.

Demgegenüber fällt allen, die über das Machtpolitische hinaus den Wert der idealen Güter zu schätzen wissen, die Aufgabe zu, dahin zu wirken, daß sich die gesamte Kulturwelt zu dem Entschluß durchringe, selbst bei den schwersten politischen Auseinandersetzungen die Religion und Kultur bis zur äußersten Grenze der Möglichkeit vor Schaden zu bewahren. Freilich keine leichte, aber um so schönere Aufgabe! Dabei sind zwei Voraussetzungen unerläßlich. Einerseits müssen die Missionare der verschiedenen Konfessionen in fremden Herrschaftsgebieten bei aller Anhänglichkeit an ihre Heimat und ihr Vaterland den politischen Machtbestrebungen gegenüber eine absolute Reserve bewahren, wie der Apostolische Stuhl immer und vorzüglich seit dem Weltkriege mit aller Eindringlichkeit von den katholischen Missionaren gefordert hat [1]), und andererseits müssen die Politiker Verständnis dafür aufbringen, daß die vollkommene Loyalität der Missionare nicht die Preisgabe ihrer völkischen Eigenart bedeutet. Die Alliierten haben durch den Abschluß der Minderheitenschutzverträge den Grundsatz zur internationalen Geltung gebracht, daß jemand ein treuer und zuverlässiger Staatsbürger sein kann, auch wenn er im Gegensatz zur Mehrzahl des Staatsvolkes seine völkische und sprachliche Besonderheit pflegen will. Die in fremden Kolonien und

[1]) Encyklika Pius' XI „Maximum illud" vom 30. November 1919, in: Acta Apostolicae Sedis XI (1919), p. 440 ss. Encyklika „Rerum Ecclesiae gestarum" vom 28. Februar 1926, ebendort XVIII (1926), p. 65 ss. Schreiben an die apostolischen Vikare und Präfekten Chinas: ebendort XVIII (1926) p. 303 ss. Instruktion der Propagandakongregation vom 6. Januar 1920.

Staaten wirkenden Missionare sind natürlich weit davon entfernt, ein Minderheitenrecht für ihre Person zu beanspruchen, aber es dürfte nicht übertrieben sein, wenn sie von den Politikern erwarten, daß sie nicht einzig wegen ihrer nationalen Abstammung und Wesensart als politisch verdächtige Fremdliche behandelt oder gar als solche öffentlich gebrandmarkt werden. Wenn die genannten Forderungen beiderseits möglichst vollkommen in Erfüllung gehen, so kann man vielleicht hoffen, daß eine Wiederholung der alliierten Missionspolitik unterbleibt. Es ist ein erfreuliches Zeichen, daß mit der allgemeinen Entspannung der Weltpolitik die Behandlung der Missionsfrage von seiten der Alliierten eine fortschreitende Besserung erfahren hat.

II. In der Erklärung der einschlägigen Bestimmungen des Versailler Vertrags können wir uns der Kürze befleißen, denn sie haben nur mehr teilweise für die Gegenwart einen praktischen Wert.

Artikel 438 bestimmt, daß die Missionsgüter der ausgewiesenen deutschen Missionare in die Verwaltung von nicht-deutschen Treuhändern übergehen. Die Beschlagnahme geschieht aber nicht zugunsten des Staates, sondern im Interesse der Weiterführung des Missionswerkes durch andere Missionare. Der unmittelbar zum Ausdruck gebrachte Sinn dieser Bestimmung schien auf den ersten Blick nicht gar so gefährlich zu sein. Aber in seinem dunklen Hintergrund stand der bitterböse Plan der alliierten Friedenskonferenz, das Werk der Ausweisung von deutschen Missionaren beider Konfessionen restlos zu vollenden und ihr den Stempel einer endgültigen Regelung aufzudrücken. So faßte die deutsche Friedensdelegation in Versailles die Sache auf. In ihrer Note vom 17. Mai 1919 an Clemenceau, den Vorsitzenden der Friedenskonferenz, heißt es: „In der Tat, wenn der Artikel 438 zur Ausführung gelangen sollte, so würden die deutschen Missionen aus allen ihren Arbeitsfeldern mit Ausnahme des niederländischen Kolonialreichs gewaltsam verdrängt [1])." Die Vertreter der alliierten Regierungen haben damals dieser Ausdeutung mit keiner Silbe widersprochen, sie also stillschweigend als richtig anerkannt.

Von grundsätzlicher Bedeutung ist eine Klausel des genannten Artikels. In seinem zweiten Absatz heißt es: „Indem die alliierten und assoziierten Regierungen fortfahren, eine volle Kontrolle über die Personen auszuüben, von denen diese Missionen

---

[1]) Kraus Herbert u. Rödiger Gustav, Urkunde zum Friedensvertrag von Versailles vom 28. Juni 1919. Erster Teil, Berlin 1920, S. 250.

geleitet werden, werden sie die Interessen dieser Missionen sicherstellen." Darin müssen wir leider das völkerrechtlich dokumentierte Mißtrauen der alliierten Regierungen gegen das Missionswerk überhaupt erblicken, denn die Kontrolle bezieht sich nicht auf die deutschen Missionare, sondern auf ihre Nachfolger, die den alliierten Nationen entnommen sind. Auch sie gelten den Politikern von Versailles als unzuverlässige Leute, die einer „vollen" Kontrolle unterworfen werden müssen. Allerdings hat die Friedenskonferenz in der Note vom 9. Juni 1919, die dem päpstlichen Sekretär Monsignore Bonaventura Ceretti überreicht wurde, eine bedeutsame Erklärung zu dem Kontrollrecht abgegeben, wodurch dieses weniger verletzend erscheint. Sie lautet: „Andererseits wird man in den Fällen, wo auf Grund desselben Vertrages (mit Deutschland) irgendeine Kontrolle über die Missionsleiter ausgeübt werden muß, diese nur ausführen, nachdem man sich in gebührender Weise mit den Autoritäten der betreffenden Religion beraten hat [1])." Daraus ist zu entnehmen, daß das Kontrollrecht über die Missionen nicht zu einem Investigationsrecht werden darf, das nach dem Belieben der Beamten wirksam gemacht wird.

Artikel 122 verleiht den Alliierten, die ein Mandat zur Verwaltung einer deutschen Kolonie erhalten haben, die Möglichkeit, alle deutschen Staatsangehörigen aus diesen Gebieten zu entfernen oder zumindest besondere Normen für ihr Weiterverbleiben aufzustellen. In den britischen und französischen Mandatsgebieten wurden die deutschen Missionare und Schwestern ohne Ausnahme zum Verlassen gezwungen, Belgien und Australien gingen milder zu Werke, und die südafrikanische Union verzichtete ganz auf die Ausweisung. Gegenwärtig ist das Niederlassungsrecht und die Wirksamkeit deutscher Missionare in den Mandatsgebieten wieder gesichert, wie schon ausführlich dargetan wurde.

Von geradezu katastrophaler Wirkung für die Missionstätigkeit der deutschen Missionare war der Artikel 118. Er bestimmt, daß das Deutsche Reich auf alle Rechte und Privilegien verzichte, die es den alliierten und assoziierten Mächten gegenüber vor dem Kriege besaß. Damit wurden alle Verträge des Deutschen Reiches mit den Alliierten zerrissen. Artikel 128 ff. annullierten noch eigens die Verträge mit China, Artikel 135 jene mit Siam, Artikel 139 jene mit Liberia, Artikel 141 jene mit Marokko

[1]) „D'autre part, dans les cas où, aux termes du même traité, il sera nécessaire d'exercer quelque contrôle sur les personnalités dirigeant ces missions cela ne sera fait qu'après avoir dûment consulté les autorités de la religion intéressée." Kraus, Herb. u. Rödiger, Gust., Urkunden. S. 555.

und Artikel 148 jene mit Ägypten. Die deutschen Staatsangehörigen aller Kategorien, ob Missionare oder Kaufleute oder Forscher oder sonstige entbehrten in den Ländern und Besitzungen der Alliierten, also ungefähr auf der ganzen Welt, vollständig jeden völkerrechtlichen Schutzes, im einzelnen des Rechts der Niederlassung, des Erwerbs von Eigentum und der Ausübung ihres Berufes. In all diesen Dingen waren sie der Willkür der alliierten Regierungen preisgegeben. Wie hart der Zugriff der europäischen Kolonialmächte auch die Missionare faßte — die überseeischen Regierungen zeigten sich durchgehends viel gemäßigter — davon erzählen viele bange Stunden und tragische Schicksale der deutschen Missionen.

III. Die aufbauende Tätigkeit der deutschen Außenpolitik zielte dahin, durch Abschluß neuer Handelsverträge den deutschen Staatsangehörigen und ihrer Tätigkeit wieder ein Daseinsrecht in der weiten Welt zu verschaffen. Für die deutschen Missionare kommen folgende Handelsverträge in Betracht:

1. Der vorläufige Handelsvertrag mit China vom 20. Mai 1920 [1]). Er sichert den deutschen Staatsbürgern allgemein das Niederlassungsrecht, ohne die Missionare ausdrücklich zu erwähnen.

2. Der Freundschafts-, Handels- und Konsularvertrag mit den Vereinigten Staaten von Amerika vom 8. Dezember 1923 [2]). Artikel 1 dieses Vertrages gewährt sehr ausführlich alle nur wünschenswerte Freiheit für die religiöse Betätigung der deutschen Staatsangehörigen in den Gebieten der nordamerikanischen Union einschließlich der Philippinen und Hawai.

3. Der Handels- und Schiffahrtsvertrag mit Großbritannien vom 2. Dezember 1924 [3]). Artikel 6 gesteht den deutschen Staatsangehörigen für Großbritannien und Irland hinsichtlich der Niederlassung, Ausübung von Handel, Beruf und Gewerbe die Meistbegünstigungsklausel zu. Aber im Artikel 31 wird vorgesehen, daß die Bestimmungen des Vertrags auf Indien, die Dominions, Kolonien und Protektorate nur dann Anwendung finden, wenn der König von Großbritannien einen dahinzielenden Wunsch der deutschen Regierung mitteilen werde. Solche königliche Wünsche sind seitdem verschiedentlich der deutschen Regierung amtlich bekanntgegeben worden, und zwar zum ersten Male am 28. Februar 1926, wo der Vertrag auf Süd-Rhodesien ausgedehnt wurde. Dann folgte fortschreitend die Einbeziehung der meisten Kolonien und Protektorate durch die Erklärungen vom 19. März, 31. März, 11. Mai, 19. Juni, 22. Oktober,

1) Reichsgesetzblatt, Teil II, Jahrgang 1921, S. 830 ff.
2) Reichsgesetzblatt, Teil II, Jahrgang 1925, S. 795 ff
3) Reichsgesetzblatt, Teil II, Jahrgang 1925, S. 777 ff.

24. November und 2. Dezember 1926 [1]). Es mag vielleicht interessieren, daß durch die Erklärung vom 19. März 1926 u. a. auch das englische Mandatsgebiet von Togo und Ostafrika freigegeben worden ist. Eine Ausdehnung des Vertrages auf die Dominions und Indien, ausgenommen Ceylon, ist vorläufig noch nicht zugestanden worden.

4. Das vorläufige Wirtschaftsabkommen mit Siam vom 20. Februar 1925 [2]). Es enthält das allgemeine Niederlassungsrecht für die deutschen Staatsangehörigen, sowie das Recht, sich auf religiösem, erzieherischem und charitativem Gebiete zu betätigen.

5. Das vorläufige Handelsabkommen mit der Belgisch-Luxemburgischen Wirtschaftsunion vom 4. April 1925 [3]). Leider ist das Niederlassungsrecht auf die Kongo-Kolonie nicht ausgedehnt worden.

6. Das Handelsabkommen mit Portugal vom 20. März 1926 [4]). Von allen Verträgen mit den europäischen Kolonialmächten hat dieser als erster die unterschiedliche Behandlung des Mutterlandes und der Kolonien aufgegeben. Artikel 5 sagt:

„Die portugiesischen Staatsangehörigen genießen in Deutschland und die deutschen Reichsangehörigen genießen in Portugal, den anliegenden Inseln und den portugiesischen Kolonien die gleichen Rechte wie die Untertanen und Angehörigen der meistbegünstigten Nationen, sowohl hinsichtlich der Ausübung des Handels und Gewerbes, sowie auch hinsichtlich der Einreise, der Niederlassung und des Erwerbs von Liegenschaften."

---

[1]) Reichsgesetzblatt, Teil II, Jahrgang 1926, S. 177, 182, 211, 254, 353, 619, 673. Jahrgang 1927, S. 14.

[2]) Reichsgesetzblatt, Teil II, Jahrgang 1925, S. 67 ff.

[3]) Reichsgesetzblatt, Teil II, Jahrgang 1925, S. 883 ff.

[4]) Reichsgesetzblatt, Teil II, Jahrgang 1926, S. 289 ff.

Schlußwort.

I. Der Zweig der religions- und missionspolitischen Bestimmungen am Baume des Völkerrechts hat im letzten Jahrzehnt ein kräftiges Wachstum gezeigt. Vom Alten ist nichts Wesentliches abgefallen, Neues ist hinzugekommen. Überblicken wir das Feld! In Fernasien konnte sich der frühere Rechtszustand im allgemeinen behaupten. Die Verträge mit China erlitten vereinzelte Abbröckelungen des Missionsschutzes, ohne daß ein merklicher Schaden für das Gesamtmissionswerk entstand. Die Auffrischung der Handelsverträge mit Siam in der Nachkriegszeit änderte kaum etwas an dem Inhalt der früheren Missionsbestimmungen. Für Afrika blieb der Missionsparagraph der Kongoakte, wenn auch mit einigen Verunzierungen — um es gelinde auszudrücken —, bestehen. In einer Reihe europäischer Staaten und in der Türkei wurden im Rahmen des Minderheitenschutzes die obersten Leitsätze der Religionspolitik für die Regierungen festgelegt. Kraft der Völkerbundssatzung erhielten die Mandatsgebiete im Orient, in Afrika und Ozeanien vom Völkerbundrat ein Statut, das der Religion und Mission gedenkt.

II. In der Art, wie der Religionsschutz in den Verträgen aufgemacht wird, hat sich in der Neuzeit gegenüber der weiteren Vergangenheit ein bedeutsamer Wechsel vollzogen. Die älteren Vertragstexte zugunsten der Religion und Mission bieten in der Regel entweder ausdrücklich oder wenigstens nach der Absicht der Vertragschließenden einzig dem Christentum einen völkerrechtlichen Schutz. Mit geringen Ausnahmen bildeten die christlichen Missionare und die christliche Mission den Gegenstand der Vereinbarung. Auf dieser Grundlage sind noch sämtliche Religionsparagraphen in den Verträgen mit China zustande gekommen. Die neue Phase der Entwicklung geht dahin, die Formel von der allgemeinen Gewissens- und Religions- bzw. Missionsfreiheit mehr und mehr einzubürgern. Die spezifisch christliche Prägung verblaßt. Vielleicht wird sie ganz aus dem Völkerrecht verschwinden. Jede Weltanschauung, ob christlich oder nichtchristlich, soll geschützt werden. Als Grenze anerkennt man nur die Aufrechterhaltung der öffentlichen Ordnung und der guten Sitten.

Die Dogmatik ist tot für die internationale Politik.

Der Gründe für diese Änderung sind vorzüglich zwei. Erstens: In der Neuzeit wirken neben den christlichen Staaten die Vertreter von nicht-christlichen Nationen, die sich die Ebenbürtigkeit erstritten haben oder zumindest auf dem Wege dazu sind, in gesteigertem Maße bei der Textgestaltung der betreffenden Vereinbarungen mit. Schon auf der Berliner Konferenz 1884/85 scheiterte die rein christliche Ausprägung des Missionsparagraphen an dem Widerstand des türkischen Vertreters. In verstärktem Grade macht sich die Einwirkung der nicht-christlichen Staaten bei den jüngsten Kollektivverträgen geltend, z. B. bei der revidierten Kongoakte und bei den Vereinbarungen, die vom Völkerbund ausgehen. Es ist klar, daß, wenn die Politiker der christlichen und nicht-christlichen Staaten sich einig werden sollen über einen Text, der das internationale Religionsrecht ordnet, nur ein mit allen Mitteln gestreckter Religionsbegriff zugrunde gelegt werden kann. Zweitens: Das völkerrechtliche Hinüberwechseln vom Spezifisch-Christlichen in das Allgemein-Weltanschauliche ist eine Auswirkung der Zurückdrängung des christlichen Gedankens aus der politischen Sphäre überhaupt. Die Dynamik weitverbreiteter Ideenkomplexe (Liberalismus, Sozialismus) reagiert kräftig gegen jeden Anteil des Christentums an der politischen Führung. Von den Vertretern dieser Richtung wird eine absolute Neutralität der Staatsregierung jedem Bekenntnis gegenüber gefordert, unter gleichzeitiger energischer Betonung einer unbeschränkten Gewissens- und Religionsfreiheit. Je nachdem wie weit die Stoßkraft solcher Ideen reicht, zeigen sich ihre Folgen in der Landesgesetzgebung und in der Bildung des Völkerrechts.

Damit rühren wir an einer weiteren Eigentümlichkeit in der Entwicklung der religionspolitischen Materie in den neuzeitlichen Verträgen. Der Anspruch auf die Ausbreitung einer Religion, das Christentum nicht ausgenommen, tritt stetig mehr in den Hintergrund. Gewiß, die zahlreichen, noch geltenden Verträge mit China enthalten den ausdrücklichen Hinweis auf die Ausbreitung des Christentums, aber man darf nicht übersehen, daß ihr Geburtsdatum ziemlich weit zurückliegt. Wenn wir demgegenüber die vereinbarten Texte aus den Verträgen der Nachkriegszeit aufmarschieren lassen, läßt sich gar nicht verkennen, daß sie das Erzeugnis eines anderen Geistes sind. Es ist z. B. charakteristisch, daß der am 14. Februar 1926 unterzeichnete Vertrag Frankreichs mit Siam an der Ausbreitung der christlichen Lehre in Siam, die in dem alten Vertrag vom Jahre 1856 eigens geschützt wurde, stillschweigend vorübergeht und sich mit der Forderung gegenseitiger Religionsfreiheit begnügt. Selbst die völkerrechtlichen Bestimmungen, die sich auf die Naturvölker, die im krassen Götzendienst versunken sind, beziehen, lassen den Gedanken an die Propaganda des Christentums nur schwächlich durchschimmern. Sie legen das Hauptgewicht auf die Festlegung der Freiheit für alle Kultformen, von der natürlich die christlichen Glaubensboten nach Möglichkeit profitieren. Die Sicherstellung der Missionstätigkeit in den Schulen, der Charitas usw., wie sie das Statut des Völkerbundrates für die Mandatsgebiete der B-Klasse ausspricht, beabsichtigt nicht die Förderung der religiösen Werbung, sondern einzig die Vermehrung der zivilisatorischen Arbeitsleistung.

III. Für die Ausführung des Missionsprogramms der katholischen wie jeder anderen christlichen Kirche ist die Gewährung der allgemeinen Kultfreiheit nur von relativem Wert. Man nimmt sie kirchlicherseits dankbar entgegen, insofern dadurch auf der Gegenseite der Religionszwang zu einem nicht-christlichen Bekenntnis (Mohammedanismus, Buddhismus, Konfuzianismus usw.) aufgehoben wird. Das Missionswerk in einem nicht-christlichen Staate muß vollauf damit zufrieden sein, wenn das Völkerrecht dafür sorgt, daß ihm keine Hindernisse in der Entfaltung seiner Wirksamkeit in den Weg gelegt werden. In Gebieten, die der Fürsorge christlicher Regierungen unterstehen, entspricht das rein negative Verhalten gegen das Christentum nicht dem kirchlichen Ideal.

Wenn man die ungünstigen Nachwirkungen der Versailler Missionspolitik in Abzug bringt, läßt sich im großen und ganzen über die gegenwärtige völkerrechtliche Lage der Mission ein verhältnismäßig günstiges Urteil fällen.

IV. Die Aufgabe für die Zukunft besteht darin, das Vorhandene zu bewahren und, wenn möglich, in kluger Weise auszubauen. Mit Übergehung von Einzelheiten sei auf zwei Kardinalpunkte, die allerdings hier nicht zum ersten Male namhaft gemacht werden, kurz hingewiesen [1]). Es handelt sich um die völkerrechtliche Neutralisierung und Internationalisierung des Missionswerkes. Die beiden Begriffe sind verschieden, umschließen aber ähnliche Elemente und greifen in ihren praktischen Auswirkungen ineinander.

Die Neutralisierung des Missionswerkes bedeutet, daß seine Tätigkeit von den Wechselfällen der internationalen Politik rechtlich nicht betroffen wird. Das Wohl und Wehe der Mission

---

[1]) Vgl. Schmidlin Josef in: Zeitschrift für Missionswissenschaft, Münster i. W., XVI (1926), S. 318.

soll bis an die Grenze der Möglichkeit dem Auf und Nieder machtpolitischer Verhältnisse entrückt sein. Sonnenschein oder Wetterleuchten am Himmel der Weltpolitik dürfen nicht entscheiden über Sein oder Nichtsein des Missionswerkes in einem Lande. Wenn man im Forum der weltlichen Politik nicht den göttlichen Daseinstitel der Mission anerkennen will, so möge man sie als rein menschliches Kulturwerk um ihrer selbst willen beschirmen, ohne Rücksicht darauf, ob ihre Vertreter einem Volke angehören, mit dessen Regierung man in Freundschaft oder Feindschaft lebt. Das Ziel der Neutralisierung ist die Verhinderung von Vorkommnissen, wie sie zum Schaden des Missionswerkes im Gefolge des Weltkrieges auftraten. Daß die Verwirklichung dieser Idee ungeheueren Schwierigkeiten begegnet, darüber darf sich niemand täuschen. Die Neutralisierung des Missionswerkes würde eine Reihe weiterer Probleme aufrollen, deren Lösung ein gutes Stück Arbeit kostet, z. B. die Frage über das Bürgerrecht der Missionare, über ihre Befreiung von jedem Militärdienst, über gewisse Verpflichtungen der obersten Leitungen der verschiedenen Missionen hinsichtlich des Wohlverhaltens der von ihnen entsandten Missionare usw.

Weniger kompliziert scheint die Frage der Internationalisierung des Missionswerkes zu sein. Sie besteht darin, daß kein Missionar auf Grund seiner Staatsangehörigkeit von irgendeinem Missionsgebiet ausgeschlossen oder besonderen Bedingungen unterworfen wird. Gleiches Recht für den Eintritt aller Missionare in die Missionstätigkeit! Die Kongoakte vom Jahre 1885 hatte für ein Teilgebiet dieser Forderung entsprochen. Die durch den Weltkrieg verursachte Rückbildung müßte korrigiert, und dann das Ganze weitergeführt werden. Es ist doch ein anormaler Zustand, daß die Glaubensboten aus den Mitgliedstaaten des Völkerbundes völkerrechtlich höher gewertet werden als die übrigen. Je nachdem ob der Heimatstaat eines Missionars sich dem Völkerbund anschließt oder sich von ihm trennt, steigt oder fällt für ihn das völkerrechtliche Barometer. Diese von den Alliierten geschaffene Verkettung von Politik und Mission sollte möglichst bald gelöst werden.

Beide Probleme, das der Neutralisierung und jenes der Internationalisierung des Missionswerkes, können nach der gegenwärtigen Organisation der politischen Welt nur in Verbindung mit dem Völkerbund behandelt werden. Ob er imstande ist, sie fruchtbringend zu erörtern und solche Bestimmungen zu treffen, die sich unter allen Umständen als wirksam erweisen, muß vorläufig dahingestellt bleiben.

Druck von Julius Beltz in Langensalza.

FSC
www.fsc.org
MIX
Papier | Fördert gute Waldnutzung
FSC® C083411

Kolibri 360 GmbH
Ferdinand-Jühlke-Straße 7
99095 Erfurt, Deutschland
produktsicherheit@kolibri360.de